广西大学哲学社会科学文库

中小企业
生态性自主创新成长

基于西部地区的理论与实践

覃　巍◎著

Ecological Independent Innovation Growth of
Small and Medium-sized Enterprises:
Based on the Theory and Practice of the Western Region

经济管理出版社
ECONOMY & MANAGEMENT PUBLISHING HOUSE

图书在版编目（CIP）数据

中小企业生态性自主创新成长：基于西部地区的理论与实践 / 覃巍著. -- 北京：经济管理出版社，2024.

ISBN 978-7-5096-9761-0

Ⅰ．F279.243

中国国家版本馆 CIP 数据核字第 2024Q7C518 号

组稿编辑：曹　靖
责任编辑：郭　飞
责任印制：张莉琼
责任校对：王淑卿

出版发行：经济管理出版社
　　　　　（北京市海淀区北蜂窝 8 号中雅大厦 A 座 11 层　100038）
网　　址：www. E-mp. com. cn
电　　话：（010）51915602
印　　刷：北京晨旭印刷厂
经　　销：新华书店
开　　本：720mm×1000mm/16
印　　张：13.5
字　　数：208 千字
版　　次：2024 年 8 月第 1 版　　2024 年 8 月第 1 次印刷
书　　号：ISBN 978-7-5096-9761-0
定　　价：88.00 元

前　言

组织成本低廉、经营方式灵活的中小企业在经济发展中具有不可替代的作用，是促进技术创新和推动国民经济高质量发展的重要力量。党的二十大报告把支持中小企业发展作为构建高水平社会主义市场经济体制，推动高质量发展的重要工作。随着改革开放的不断深入，地域壁垒、市场壁垒和行业壁垒不断被打破或弱化，中小企业原先拥有的自然要素禀赋、历史文化传统、人力资源等"原发性"成长优势也不断被弱化。当前世界政治与经济格局激烈变化，全球产业链、价值链和创新链正在被解构与重组，中小企业成长环境正在发生剧烈变化，中小企业需要不断通过自主创新适应成长环境的变化，提高组织化程度，才能适应一系列新形势和新挑战，实现可持续成长。与东部中小企业相比，西部中小企业的组织化程度更低，自主创新能力更弱，与东部中小企业自主创新成长水平的差距有扩大的趋势，更亟须在理论上和实践上对自主创新成长进行创新和探索。自20世纪80年代以来，生物学类比在研究包括企业成长、企业创新等复杂问题上表现出其独特的优势，成为经济学及管理学研究中的热门研究方法。本书在已有研究成果的基础上，结合国内外相关研究进展，以生物学类比对西部中小企业自主创新成长理论基础进行"生态化"拟合，构建西部中小企业生态性自主创新成长理论。以西部中小企业生态性自主创新成长理论为指导，在中国中小企业自主创新成长的现实背景下，借鉴国内外中小企业生态性自主创新成长经验，对西部中小企业生态性自主创新成长进行实证考察，归纳和分析西部中小企业生态性自主创新成长中存在的主要困难和障碍，并针对这些主要困难和障碍有的放矢地提出促进西部中小企业生态性自主创新成长的基本原则、目标和对策建议。

由于生物学类比在企业成长问题研究中的运用还处于起步和发展阶段，中小企业生态性自主创新成长存在许多值得研究的问题，希望本书能起到抛砖引玉的作用，为中小企业顺利实现自主创新成长、担当起高质量发展的重任起到理论创新和实践探索的作用。

目　录

第一章　绪论

第一节　研究背景和意义

一、研究背景

党的二十大报告指出，"高质量发展是全面建设社会主义现代化国家的首要任务"，要"构建高水平社会主义市场经济体制"，为此，要"支持中小微企业发展"[①]。中小企业是民间的创造，发轫于民营经济大潮，具有广泛的社会性、基础性、战略性和全局性，是高质量发展的重要基础和有生力量。从中小企业成长的实践历程来看，中小企业大多依托于其所在地的自然要素禀赋、历史文化传统、充足的劳动力资源等原发性优势，由民间资本、民间工匠、传统工艺、专业市场等有机结合而成，主要分布于传统产业之中，常常以中小企业集群的组织方式开展生产和经营活动。由于中小企业组织成本较低，生产和经营方式灵活多样，而且具有较为强

[①]　《习近平：高举中国特色社会主义伟大旗帜　为全面建设社会主义现代化国家而团结奋斗——在中国共产党第二十次全国代表大会上的报告》（2022 年 10 月 16 日）。

烈的地域植根性、共生性、不易移植性等特征，所以自成立之初就表现出了很强的生命力和巨大的发展潜力，在发展地方经济，缩小城乡差距和地区发展差距，推动高质量发展等方面发挥出了极其重要的作用。

随着改革开放不断深入，社会主义市场经济市场化进程不断加快，区域经济格局和区域市场格局发生了重大变化，原有的地域壁垒、市场壁垒和行业壁垒被不断打破或弱化，新兴产业不断兴起，新业态和新商业模式不断出现，劳动力和资本等要素向市场经济更为发达的东部沿海地区集聚的态势明显。自然要素禀赋、丰富的历史文化传统等西部中小企业传统成长红利逐渐消失。进入高质量发展新发展阶段后，一方面，在经济发展新常态下，由于全球经济持续低迷、国际经济形势激烈动荡、国际贸易争端加剧等因素的影响，世界政治和经济格局正在发生重大变化；另一方面，在高质量发展要求下，高标准的自然生态资源环境评估标准、节能减排以及"双碳"战略等使得以资源型中小企业为主的西部中小企业转型升级压力持续增加，需要转变传统成长方式，在新成长动力推动下走出生存和发展的困境，在构建西部新发展格局和推动西部双循环建设中发挥重要作用，成为西部地区高质量发展的重要推动力量。

二、研究意义

与东部地区相比，西部地区经济发展水平相对落后，中小企业成长环境质量相对不高，中小企业成长起点低，组织化程度不高，中小企业自主创新资源较为分散且集聚成本较大，中小企业自主创新资源向中小企业自主创新资本的转化能力更弱，研究西部中小企业自主创新成长更具有现实性和紧迫性。在西部大开发之初，曾寄希望于西部中小企业通过外生式发展战略实现可持续成长，即通过大规模承接东部产业转移、大规模要素投入和资本投入的方式加快西部产业转型升级，带动西部中小企业高速成长。然而由于梯度推移黏性等原因，未出现大规模东业西移，也未能为西部中小企业带来更多的要素投入和资本投入，西部中小企业外生式发展战略未能取得预期成效。与之相对应的是，东部中小企业集群集中度不断提高，新业态和新商业模式不断形成和发展，竞争优势不断增强。因此，西部中小企业需要走符合西部中小企业成长、实际的内生式自主创新成长之路。为促进西部中小企业自主创新成长，需要完成一系列重要任务，如重塑有利于西部中小企业自主创新成长的环境；在西部中小企业自主创新成长环境中构建能够高效开展自主创新的西部中小企业创新网络；通过西部中小企业创新网络的不断优化产生中小企业创新网络溢出效应，形成西部中小企业自主创新成长的动力等，才能是西部中小企业适应日益复杂的成长环境，突破自身规模小、组织化程度低、自主创新能力弱等局限，切实实现自主创新成长。在完成这些重要任务的过程中会涌现出许多新情况和新问题，需要在理论研究和实践探索中不断创新。

人们在理论研究中注意到，以分析复杂关系和结构问题见长的生物学理论，尤其是生物学中的生态学理论的互惠共生、协同演化理念和方法对研究包括企业成长、企业创新等问题具有很大的启发性和借鉴性。因此，运用生物学类比，将西部中小企业自主创新成长的相关理论"生态化"，构建起西部中小企业生态性自主创新成长理论，并且在西部中小企业生态性自主创新成长理论框架下，研究西部中小企业自主创新成长问题，能够极大地突破传统研究分析方法的静态性和单向性的局限，实现理论研究和分析方法的创新。能够将生物学类比研究的理论和方法融入企业理论和企业成长理论、中小企业理论和中小企业成长理论、企业创新理论、区域经济理论等理论体系内，丰富相关理论体系的内涵。

在实践探索方面，在对中国中小企业自主创新成长背景分析和借鉴国内外中小企业生态性自主创新成长经验的基础上，运用西部中小企业生态性自主创新成长理论，对西部中小企业自主创新成长实践进行考察和实证研究，分析西部中小企业生态性自主创新能力，考察西部中小企业生态性自主创新成长的典型案例，能够更系统、更科学和更精确地揭示和分析西部中小企业自主创新成长中遇到的困难和障碍，并能够针对这些困难和障碍有的放矢地提出促进西部中小企业生态性自主创新成长的基本原则、目标和对策建议，有效促进西部中小企业生态性自主创新成长，加快形成西部大开发新格局，从而能够更有效地促进东西部生产网络实现对接和融合，缩小地区差距，促进国内大循环的实现，实现区域和谐发展，推动西部地区高质量发展。同时，还能够积累生物学类比研究的案例，完善生物学类比在企业创新成长方面的实证研究。

因此，运用生物学类比，将西部中小企业自主创新成长"生态化"为西部中小企业生态性自主创新成长，构建起西部中小企业生态性自主创新成长理论，并以西部中小企业生态性自主创新成长理论为指导，进行西部中小企业生态性自主创新成长的实践探索，能够切实进行中小企业成长问题研究的理论和实践的创新，具有十分重要的理论意义和现实意义。

第二节　研究思路、技术路线和研究内容

一、研究思路

本书通过运用生物学类比，将西部中小企业自主创新成长"生态化"拟合为西部中小企业生态性自主创新成长，构建西部中小企业生态性自主创新成长理论，对西部中小企业自主创新成长进行理论研究和实践探索的创新。具体而言，将西部中小企业自主创新成长环境以生物学类比为西部中小企业商业生态系统；将依托西部中小企业自主创新成长环境而形成的西部中小企业创新网络以生物学类比为西部中小企业生态性创新网络；将西部中小企业生态性自主创新成长的动力来源视为西部中小企业生态性创新网络优化，将西部中小企业生态性创新网络治理视为确保西部中小企业生态性自主创新成长动力可持续的重要保障，构建西部中小企业商业生态、西部中小企业生态性创新网络、西部中小企业生态性自主创新成长动力、西部中小企业生态性创新网络治理四位一体的"西部中小企业生态性自主创新成长理论"，以西部中小企业生态性自主创新成长理论为指

导，通过对中国中小企业自主创新成长的背景分析、国内外中小企业生态性自主创新成长的经验借鉴和西部中小企业自主创新实践的实证考察，归纳西部中小企业生态性自主创新成长实践中存在的困难和障碍，分析主要原因，并针对这些困难和障碍有的放矢地提出促进西部中小企业生态性自主创新成长的基本原则、目标和对策建议，进行中小企业自主创新成长问题的理论方面和实践方面的创新探索。具体而言，在西部中小企业自主创新成长基础、组织方式、成长动力、中小企业创新网络治理等方面形成西部中小企业生态性自主创新成长的理论框架：

第一，西部中小企业自主创新成长的环境的生物学类比研究。这是对西部中小企业生态性自主创新成长基础的研究。在研究中，根据西部中小企业自主创新成长环境的特点，运用企业生态学、企业生态位等理论和方法，将西部中小企业自主创新成长环境生物学类比为西部中小企业商业生态系统，并对西部中小企业商业生态系统的结构、关系和特征等进行分析。

第二，西部中小企业创新网络的生物学类比研究。这是对西部中小企业生态性自主创新成长组织方式的研究。中小企业创新网络是西部中小企业开展自主创新的组织方式，其结网于西部中小企业自主创新成长环境中，是网络化的西部中小企业创新系统。在生物学类比下，将生物学的互惠共生、协同演化理念融入西部中小企业创新网络，将西部中小企业创新网络"生态化"诠释为具有多层次、多维度互惠共生结构，以及通过协同演化机制实施中小企业自主创新的，反映西部中小企业地区属性和自主创新特色的西部中小企业生态性创新网络。

第三，西部中小企业自主创新成长动力的生物学类比研究。这是对西部中小企业生态性自主创新成长动力形成过程的研究。在研究中，阐释西部中小企业创新网络优化是西部中小企业自主创新成长动力的直接来源，并将中小企业创新网络优化划分为中小企业创新网络结构的合理化、高级化两个前后衔接和周而复始的阶段：①中小企业创新网络结构合理化阶段。该阶段的主要任务是形成协同创新、价值共创、利益共享关系的中小企业创新网络。②中小企业创新网络高级化阶段。该阶段的主要任务是在中小企业创新网络合理化的基础上，通过协同创新、价值共创与价值共享机制，实现中小企业自主创新，产生中小企业创新网络自主创新溢出效应，形成可持续的西部中小企业自主创新成长的动力。

将中小企业创新网络合理化阶段和高级化阶段分别生物学类比为中小企业生态性创新网络共生阶段（表现为企业生态性创新网络各主体之间形成的具有共生性特征的"态"）和西部中小企业生态性创新网络的协同演化阶段（表现为企业生态性创新网络内各创新主体在共生基础上协同演进的"势"）。两阶段前后衔接，周而复始，产生协同创新溢出效应，形成西部中小企业生态性自主创新成长动力，促进西部中小企业生态性自主创新成长。

第四，西部中小企业创新网络治理的生物学类比研究。为西部中小企业生态性自主创新网络内共生结构的形成和协同演化机制的顺畅，对西部中小企业生态性自主创新网络的治理展开研究和分析，包括西部中小企业生态性创新网络互惠共生结构治理、协同演化关系治理和优化过程治理三大块内容。

第五，统筹以上四方面的研究内容，形成包括西部中小企业商业生态系统、西部中小企业生态性创新网络、西部中小企业生态性自主创新成长动力、西部中小企业生态性创新网络治理四位一体的"西部中小企业生态性自主创新成长理论"的理论框架，完成促进西部中小企业生态性自主创新成长研究中的理论研究。

第六，在西部中小企业生态性自主创新成长理论指导下，进行促进西部中小企业生态性自主创新成长的实践探索，主要工作包括：分析中国中小企业自主创新成长的背景，借鉴中外中小企业生态性自主创新成长的实践经验，考察西部中小企业生态性自主创新成长实践，针对实践中发现的西部中小企业生态性自主创新成长中存在的主要困难和障碍，有的放矢地提出促进西部中小企业生态性自主创新成长的基本原则、目标和对策建议。

二、技术路线

根据研究思路，可以形成如图1-1所示的技术路线。

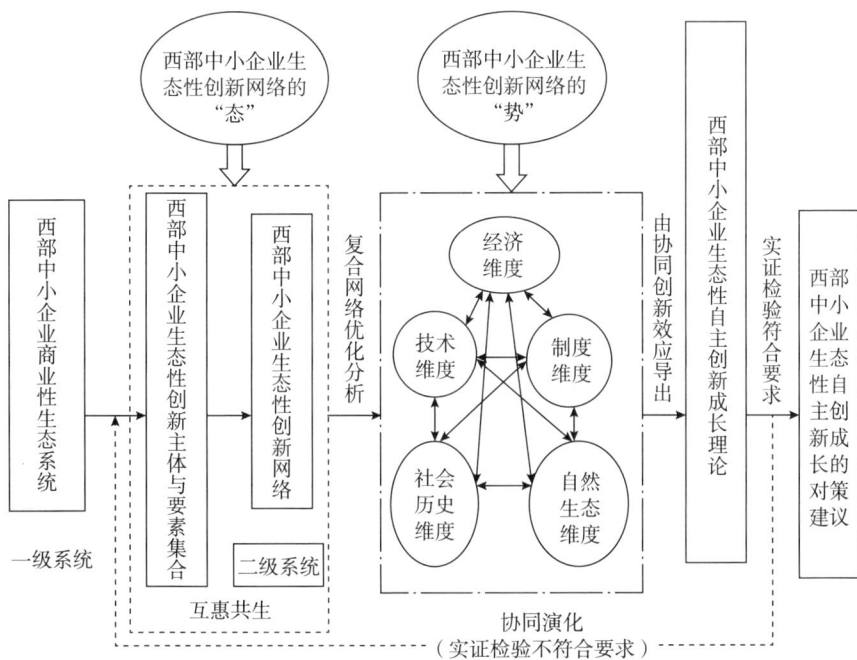

图1-1 本书研究的技术路线

三、研究内容

促进西部中小企业生态性自主创新成长的研究内容包括理论研究与实践探索两大部分，各部分的主要内容如下：

（一）理论研究

在理论研究部分，通过对中小企业自主创新成长相关理论研究成果的回顾与梳理，构筑起中小企业自主创新成长理论基础，引入生物学类比理论和方法，根据中小企业在创新理论基础的特征，结合西部中小企业自主创新成长的地域特色，通过环环相扣的研究，将中小企业自主创新成长理论"生态化"，构建西部中小企业生态性自主创新成长理论。主要包括以下两方面：

1. 构筑西部中小企业自主创新成长理论基础

通过对中小企业自主创新成长相关理论的回顾，构筑中小企业自主创新成长的理论基础，主要包括中小企业内涵及相关理论、企业自主创新理论、自主创新与中小企业自主创新、中小企业自主创新成长要素、中小企业创新网络及其自主创新功能等内容，并为生物学类的引入做好铺垫。

2. 构建西部中小企业生态性自主创新成长理论

通过环环相扣的研究，运用生物学类比，结合西部地区属性将中小企业自主创新理论基础"生态化"，构建西部中小企业商业生态系统、西部中小企业生态性创新网络、西部中小企业生态性自主创新成长动力、西部中小企业生态性创新网络治理四位一体的"西部中小企业生态性自主创新成长理论"，以此作为促进西部中小企业生态性自主创新成长研究的理论基础。

（二）实践探索

在西部中小企业生态性自主创新成长理论指导下，在分析中国中小企业自主创新成长的背景和借鉴国内外中小企业生态性自主创新成长的经验的基础上，对西部中小企业生态性自主创新成长理论在西部中小企业自主创新成长实践中进行实证检验和探索。

1. 中国中小企业自主创新成长的背景分析

对中小企业自主创新成长背景的中国民营经济发展、企业创新和中小企业的发展历程进行回顾和梳理，对中国中小企业自主创新成长的背景进行分析，是中国中小企业自主创新成长实践探索的前提。

2. 国内外中小企业生态性自主创新成长经验借鉴

通过对国内东部地区以及美国、日本、德国等中小企业生态性自主创新成长经验的归纳和整理，剖析国内外中小企业生态性自主创新成长典型案例，归纳出中小企业生态性自主创新成长的国内外经验对促进西部中小企业生态性自主创新成长的启示。

3. 西部中小企业生态性自主创新成长理论在西部中小企业自主创新成长实践中的实证检验研究

该部分的研究将在前面几部分研究形成的西部中小企业生态性自主创新成长理论的基础上，借鉴国内外中小企业生态性自主创新成长的经验，深入西部中小企业进行实证考察研究。在研究中，考察西部中小企业生态性自主创新成长的现状、分析西部中小企业生态性自主创新成长能力、分析现有的西部中小企业生态性自主创新成长典型模式。在研究中归纳和整理出西部中小企业生态性自主创新成长实践中存在的主要困难和障碍。

4. 对策建议研究

针对西部中小企业生态性自主创新成长实践中存在的主要困难和障碍，结合国内外的经验借鉴，形成促进西部中小企业生态性自主创新成长的基本原则和目标，有的放矢地提出促进西部中小企业生态性自主创新成长的对策和建议，以期能为处于创新资源相对缺乏、市场经济相对不发达、生态环境脆弱中的西部中小企业提升竞争力，转变成长方式，实现生态性自主创新成长提供参考和借鉴，并为后续的相关研究提供参考。

第三节　研究目标和关键科学问题

一、研究目标

本书的总目标是构建起西部中小企业生态性自主创新成长理论，作为促进西部中小企业生态性自主创新成长的理论指导，并通过分析中国中小企业自主创新成长的背景、借鉴国内外中小企业生态性自主创新成长的实践经验、考察西部中小企业生态性自主创新成长的现状、分析西部中小企业自主创新能力，选取西部典型产业的中小企业进行考察，对西部中小企业生态性自主创新成长的实践进行深入和系统的实证研究，分析、归纳西部中小企业生态性自主创新成长存在的主要困难和障碍，有的放矢地提出促进西部中小企业生态性自主创新成长的对策和建议，为后发地区中小企业实现自主创新成长，有效发挥中小企业对高质量发展的推动作用，实现地区协调发展提供参考和借鉴。研究总目标包括理论研究目标和实践探索目标两部分：

（一）理论研究目标

理论研究目标是构建西部中小企业生态性自主创新成长理论，主要包括以下几方面：

1. 从理论上描绘和分析西部中小企业自主创新成长环境、西部中小企业创新网络的生态性特性

在研究中，将西部中小企业自主成长环境以生物学类比为中小企业商业生态系统；将结网于西部中小企业成长环境的西部中小企业创新网络以生物学类比为西部中小企业生态性创新网络，用生态学理论体现两者在结构和运行上所表现出来的互惠共生和协同演化特征。具体而言：第一，以中小企业（集群）为核心，将构成中小企业成长环境的核心中小企业、多个中小企业自主创新主体以及搭载于其上的中小企业内外自主创新成长要素联结，形成具有互惠共生关系的中小企业商业生态系统，该系统具有多层次、多维度和自适应性等特性，是中小企业自主创新成长的基础。第二，将中小企业自主创新成长环境内与中小企业自主创新成长直接相关的各类中小企业自主创新主体和自主创新要素联结而成具有互惠共生、协同演化关系的中小企业生态性创新网络。中小企业生态性创新网络能够克服中小企业自身规模小、自主创新成长能力低、吸纳自主创新要素有限的局限，是中小企业实现自主创新成长的重要组织方式。通过对西部中小企业创新网络进行生态学诠释，将西部中小企业创新网络视为具有生命特征的企业创新网络组织，通过根据互惠共生思想，研究具备生物新陈代谢功能的中小企业生态性创新网络的互惠共生、协同演化机制，体现出中小企业

创新网络的生命性特征。第三，将中小企业自主创新的阶段与中小企业生态性创新网络的优化过程联系起来，分析中小企业生态性自主创新网络优化的过程，揭示西部中小企业生态性自主创新成长动力形成的机制和过程。

2. 凸显西部中小企业生态性创新网络的西部地区属性

西部中小企业扎根于西部，在自主创新成长中具有鲜明的西部特色。为全面和客观地揭示西部中小企业生态性自主创新成长动力生成的客观规律，需要凸显中小企业生态性创新网络的西部地区属性。为此，在西部中小企业生态性创新网络的组成结构、功能发挥、网络强弱性、网络演变阶段性、网络协同效应发挥机制以及评价体系等方面融入西部地区元素，从内外部驱动要素、构建基础、构建程序、运作机制、运作绩效与协作利益、网络组织治理、网络演化机制与路径等明确中小企业生态性创新网络的西部属性，以此彰显出促进西部中小企业生态性自主创新成长研究的地域特色。

3. 构建西部中小企业生态性创新网络优化模型

西部中小企业生态性创新网络优化具有动态性、阶段性和复合性等特征。在研究中，将西部中小企业生态性创新网络优化划分为合理化和高级化两个阶段，分别与中小企业生态性创新网络的"态"变化阶段与"势"变化阶段相拟合，构建起西部中小企业生态性创新网络优化两阶段战略模型，研究西部中小企业通过生态性创新网络优化产生自主创新成长动力的过程和机理。在研究中，以中小企业生态性创新网络结点上的核心中小企业/核心中小企业集群为研究对象，借助结构方程、系统动力学方程、生态方程、合作博弈方程等，反映中小企业生态性创新网络的动态性、合作性、复杂性和创新性，构建西部中小企业生态性创新网络优化的两阶段动态战略模型，体现研究的规范性、系统性和科学性。

4. 构建西部中小企业生态性创新网络治理体系

西部中小企业生态性创新网络治理是确保西部中小企业生态性创新网络平稳和协调的重要保障。在研究中，借鉴一般网络治理框架和经典范式，同时结合西部中小企业生态性创新网络的生物学特征和地区属性，将西部中小企业生态性创新网络治理聚焦在西部中小企业创新网络互惠共生结构生成和协同演化机制形成两大方面，构建了包括西部中小企业生态性创新网络结构治理、关系治理和过程治理三位一体的西部中小企业生态性创新网络治理体系。

5. 形成西部中小企业生态性自主创新成长理论

综合上述四个方面的研究，形成包括西部中小企业商业生态系统、西部中小企业生态性创新网络、西部中小企业生态性自主创新动力、西部中小企业生态性创新网络治理四个方面内容的西部中小企业生态性自主创新成长一般理论框架，构建起西部中小企业生态性自主创新成长理论，完成促进中小企业生态性自主创新成长理论研究目标。

（二）实践探索目标

以西部中小企业生态性自主创新成长理论为指导，对促进西部中小企业生态性自主创新成长进行多方面和多角度的实践探索，主要包括：

1. 中国中小企业自主创新成长背景分析

结合作为中小企业成长土壤的民营经济发展历程，分析中国中小企业自主创新成长的背景，了解中国中小企业自主创新成长实践历程，从整体上把握中国中小企业自主创新成长面临的新形势，存在的机遇和挑战是促进西部中小企业生态性自主创新成长实践工作的历史经验总结和未来展望依据。

2. 国内外中小企业生态性自主创新成长经验借鉴

梳理国内外中小企业生态性自主创新成长的经验和政策措施等，并选取有代表性的案例进行考察和分析，从中归纳出国内外中小企业生态性自主创新成长经验对促进西部中小企业生态性自主创新成长的启示，为促进西部中小企业生态性自主创新成长实践提供参照标本。

3. 西部中小企业生态性自主创新成长实证分析与实践考察

在西部中小企业生态性自主创新成长理论指导下，考察西部中小企业生态性自主创新成长概况，分析西部中小企业生态性自主创新成长能力，并以典型的西部传统产业的中小企业和新兴产业中的中小企业的生态性自主创新成长案例为研究标本，分析西部中小企业利用式和探索式生态性自主创新成长模式的表现和特征，在研究中归纳出西部中小企业生态性自主创新成长中存在的主要困难和障碍，厘清促进西部中小企业生态性自主创新成长的重点和焦点。

4. 对策建议研究

借鉴国内外经验，结合西部中小企业自主创新成长的实际，对标西部中小企业生态性自主创新成长理论的一般框架，制定促进西部中小企业生态性自主创新成长的基本原则和目标，针对西部中小企业生态性自主创新成长中存在的主要困难和障碍，有的放矢地提出促进西部中小企业生态性自主创新成长的对策建议。由此进行促进西部中小企业生态性自主创新成长的实践探索。

二、关键科学问题

根据设定的研究内容和研究目标，在促进西部中小企业生态性自主创新成长的理论研究和实践探索中拟解决的关键科学问题是：

（一）诠释西部中小企业自主创新成长环境和中小企业创新网络的生态属性

诠释中小企业自主创新成长环境和中小企业创新网络的生态性内涵是开展研究的重要基础工作。根据中小企业自主创新的动态性、复杂性、协同性等特征，用生物学类比方法对中小企业自主创新成长环境和中小企业创新网络进行"生态性的诠释和构造"，以互惠共生和协同演化来拟合中小企业自主创新成长环境和中小企业创新网络的复杂结构、协同创新关系，凝练出中小企业商业生态系统和中小企业生态性创新网络的生态性、西部地区属性的基本内涵，体现出西部中小企业利用其商业生态系统和生态性创新网络有效实现自主创新成长的必要性和可行性。在商业生态系统和生态性创新网络的结构层面、自我平衡方式和协同演进等方面突出两者的"生态性"，即在中小企业商业生态系统和中小企业生态性创新网络的生成、运行、结构治理、关系治理、过程治理、网络强度、网络稳定性、网络协同等方面，充分体现出两者在结构组成和运行等方面的"变异—检验—保留—传衍"的生态特征。

（二）突显西部中小企业生态性创新网络的西部属性

在构建中小企业商业生态系统和中小企业生态性创新网络时，根据两者不同的层次和维度，从社会、经济、技术、制度、自然生态等方面综合多种方法，以能够充分体现西部属性的中小企业内外自主创新要素，构建起西部中小企业商业生态系统，从中小企业内外自主创新要素中筛选出西部中小企业自主创新的直接要素和关键主体，构建西部中小企业生态性创新网络，突显中小企业生态性创新网络的西部属性，使得研究结果有针对性和可操作性。

（三）全面和规范构建西部中小企业生态性创新网络优化模型

1. 体现西部中小企业生态性创新网络优化的阶段性

西部中小企业生态性创新网络优化包括西部中小企业创新网络合理化和西部中小企业创新网络高级化两个周而复始的阶段。在西部中小企业生态性创新网络合理化阶段，西部中小企业生态性创新网络结点内部诸要素之间、网络结点之间形成互惠共生关系，构造稳定的西部中小企业生态性创新网络结构；在西部中小企业生态性创新网络高级化阶段，西部中小企业生态性创新网络在互惠共生中，以协同演化的方式实现自主创新，产生协同创新溢出效应，形成西部中小企业自主创新成长的动力，从而促进西部中小企业自主创新成长，进而实现与西部大企业的共同进化，区域生产网络质量得以不断提升，从而实现西部地区高质量发展，促进东西部地区协调开发。

2. 反映西部中小企业生态性创新网络优化动力来源和动力结构

西部中小企业生态性创新网络优化的动力归纳起来大致包括两大类：一类是通过自组织拉动中小企业生态性创新网络优化。自组织拉动表现为市场拉动，即通过市场为西部中小企业生态性创新网络配置各类中小企业自主创新成长资源。西部中小企业商业生态系统中的各类中小企业自主创新成长要素通过市场渠道向西部中小企业生态性创新网络不断注入与整合中小企业自主创新成长要素，不断为西部中小企业生态性创新网络优化增添活力。另一类是通过他组织推动中小企业生态性创新网络优化。他组织推动主要表现为政府推动，即以政府公共政策和公共服务对西部中小企业生态性创新网络进行治理，弥补西部中小企业生态性创新网络在结构和功能上的不足，推动中小企业商业生态系统中的中小企业自主创新成长要素不断注入西部中小企业生态性创新网络，不断完善西部中小企业生态性创新网络，助力西部中小企业生态性创新网络优化。自组织动力和他组织动力两种动力交织在一起，共同发挥作用，推动西部中小企业生态性创新网络优化的顺利进行。从长远来看，市场经济下自组织是中小企业生态性创新网络优化促进西部中小企业自主创新成长的主要方式，但对于中小企业创新能力弱、创新要素市场和商品市场不发达、创新资源不丰富、公共服务相对薄弱的西部地区而言，在相当时期内，仍需要他组织推动，即需要政府在许多方面发挥推动作用，才能保证中小企业生态性创新网络优化的顺利进行。此外，在国内外经济形势激烈变化下，自组织方式和他组织方式都需要不断创新，才能使企业生态性创新网络优化促进西部中小企业自主创新成长落到实处。

在西部中小企业生态性创新网络优化动力结构方面，西部中小企业生态性创新网络优化主要表现为西部中小企业通过其生态性创新网络"态"和"势"的相互作用，完成中小企业自主创新资源的整合与协同，产生自主创新溢出效应，形成西部中小企业自主创新成长动力，在规模扩张和质量提升两方面不断促进西部中小企业成长。相应地，西部中小企业生态性创新网络优化的动力包括推动中小企业规模扩张的水平动力和推动西部中小企业质量提升的垂直动力两大类动力，这两大类动力以合力的方式形成促进西部中小企业生态性自主创新成长的动力。

在研究中将通过一系列生态方程（如借用生物学中描述不同种群共生现象的 Logistic 方程等）、动态合作博弈模型、结构方程和系统动力学方程进行，描绘出中小企业生态性创新网络优化——产生协同创新溢出效应——形成西部中小企业生态性自主创新成长动力——促进西部中小企业生态性自主创新成长的路径和逻辑机理。

（四）运用西部中小企业生态性自主创新成长理论，对西部中小企业生态性自主创新成长进行实证考察

在理论研究部分所构建的西部中小企业生态性创新成长理论的基础上，以西部中小企业生态性自主创新成长理论为指导，分析中小企业自主创新成长背景、借鉴国内外西部中小企业生态性自主创新成长经验，分析西部中小企业生态性自主创新能力，选取有代表性的西部中小企业进行实证考察，研究和分析西部中小企业在利用式自主创新和探索式自主创新模式下，实现生态性自主创新成长的战略生态模式，归纳和分析促进西部中小企业生态性自主创新成长中存在的主要困难和障碍，并在西部中小企业生态性自主创新成长理论一般框架下，针对这些主要困难和障碍有的放矢地提出促进西部中小企业生态性自主创新成长的相应对策和建议，实现研究结论的普遍性和特殊性有机结合，完成研究探索的任务，突出现实意义。

第四节 研究方法

根据研究内容、研究目标和关键科学问题，西部中小企业生态性自主创新成长是结构性、复杂性和协同性问题。在复杂性、结构性和协同性问题研究方面，生物学有其独特的优势，在许多学科的研究中逐渐流行使用生物学类比，本书运用生物学类比对西部中小企业生态性自主创新成长展开研究。具体而言，在生物学类比思想下，综合运用企业生态学理论、网络组织理论、产业组织与产业结构理论、演化博弈理论、经济地理学、计量经济学方法、优化分析方法等作为主导理论和分析方法，形成多门学科的"生物学类比多重理论分析方法构架"，以此构架作为基本的理论分析方法体系，对西部中小企业生态性自主创新成长进行理论研究和实践探索。

一、企业生态学方法

生物学和生态学研究表明，自然界的许多生物种群在漫长的进化过程中形成了极其精确和完善的各类生态系统，在这些生态系统内，不同的生物能够高效率地利用物质和能量，从而能够促进种群生长。人们在经济运行实践中发现经济系统和生物系统有许多类似之处，企业系统是一种重要的经济系统，可视为企业生态系统，因此，可以借用代际遗传与变异、进化、共生等生物学相关的思想、理念、理论和方法，形成企业生态学（Enterprise/Business Ecology）来研究包括企业成长在内的企业问题。企业生态学认为企业和生物体有很多相似的地方，如都能主动适应环境，都有积极应对熵增的行为，都具有不同的生命周期，在成长中具备以协同、共生的方式等来实现自身的进化的能力等。企业生态学不仅研究中小企业成长规律和分析中小企业成长的机理，同时还关注和分析中小企业与其内外部环境之间的关系，关注企业成长与企业内外部环境之间的互动关系，并在中小企业与其内外环境的互动中深入中小企业的成长过程和成长路径，对中小企业自主创新成长进行更为全面和深刻的研究。

二、复杂网络分析法

西部中小企业商业生态系统和西部中小企业生态性创新网络都是自然系统与人造系统复合而成的复合网络系统，是多层次和多维度上大量自网络构成的复合网络系统，是物质、能量、信息相互交流与反馈的开放网络系统。采用复杂网络分析法，能够有效揭示西部中小企业商业生态系统和西部中小企业生态性创新网络具有互惠共生特征的组织结构和协同演化特征的运行机制，以及西部中小企业生态性创新网络治理的基本内涵，确保研究的科学性、系统性和规范性的有机统一。

三、动态优化模型分析法

西部中小企业生态性自主创新成长动力来源于西部中小企业生态性创

新网络优化。西部中小企业生态性创新网络优化需要通过一系列动态优化模型研究分析，因此，运用复合网络分析方法、博弈论分析方法，统筹西部中小企业自主创新的不同阶段，建立起一系列动态优化模型，能够更全面、更深刻、更规范地分析西部中小企业生态性创新网络优化产生中小企业自主创新成长动力的逻辑机理。

需要指出的是，由于西部中小企业规模小、分布分散，相当的中小企业深深嵌入当地的社会文化历史背景之中，表现出较为明显的生态性自主创新成长异质性，与规模以上企业相比，中小企业在数据的完整性和稳定性等方面较为欠缺，因此，在研究中还将通过直接考察和间接考察法，尽可能确保理论研究与实践探索的有机结合：①直接考察法。采用问卷调查和访谈相结合，对以广西中小企业为代表的不同类型的西部中小企业进行问卷调查和访谈调查，用数理统计方法等整理相关数据和实证材料并进行分析。②间接考察法。对西部地区有代表性的中小企业生态性自主创新成长进行典型案例研究。

第五节　本书内容安排及主要创新点

按照研究的科学性、规范性和全面性的要求，根据研究思路、研究内容和研究目标，本书分为理论研究和实践探索两大部分，分别进行理论创新和实践创新，体现理论创新性和实践探索性的有机结合。

一、本书内容安排

（一）理论研究

理论研究部分包括第二章至第五章，主要任务是阐释西部中小企业生态性自主创新成长理论的构建过程以及一般理论框架，体现研究理论依据的科学性和规范性。

第二章　相关理论研究回顾与述评。本章对国内外学者在企业理论、企业成长理论、企业创新网络理论、中小企业成长、中小企业创新网络等方面的研究成果进行梳理，并进行简要评论，指出西部中小企业自主创新成长是值得深入研究的课题。

第三章　中小企业自主创新成长的理论基础。通过中小企业内涵及理论、企业创新理论、自主创新与中小企业自主创新、中小企业自主创新要素、中小企业创新网络及其自主创新功能等的梳理，全面构筑中小企业自主创新成长的理论基础，为西部中小企业生态性自主创新成长理论的构建提供生物学类比对象。

第四章　中小企业自主创新成长研究的创新：生物学类比。本章将生物学类比引入中小企业自主创新成长研究，是构建"西部中小企业生态性自主创新成长"的理论前提和依据。通过生物学类比对企业成长理论研究贡献、中小企业自主创新成长研究中的重要生物学类比的介绍、中国学者在企业自主创新成长的生物学类比方面的贡献、生物学类比在中小企业自主创新成长研究中的运用展望等的分析和研究，表明生物学类比在研究复杂结构问题方面能够显示出其独特的优势，国内外学者在生物学类比方面有所尝试，产生了不少研究成果，为西部中小企业自主创新成长的研究从生物学类比角度提供了理论和方法借鉴，从而能够实现理论创新，因此，生物学类比是西部中小企业自主创新成长研究在理论基础和分析方法上的创新。

第五章　西部中小企业生态性自主创新成长理论。本章根据西部中小企业自主创新的实际，将西部中小企业自主创新成长理论基础生态化形成西部中小企业生态性自主创新成长理论，完成本书的理论框架和研究方法论体系的构建，是西部中小企业自主创新成长研究中有重要意义的理论创新，为西部中小企业生态性自主创新成长的实践探索提供理论指导。

（二）实践探索

在理论研究部分所形成方法论和理论框架的基础上，通过西部中小企业生态性自主创新成长实践的考察和实证分析，对理论进行验证和完善，并就数字经济时代和新发展格局战略下，进一步开展相关研究进行展望。此部分由第六章至第九章构成。

第六章 中国中小企业自主创新成长的现实背景。通过对中国民营经济发展、中华人民共和国成立后中小企业发展历程、"十三五"期间中小企业发展、中国中小企业发展中存在的问题、新形势下中小企业自主创新成长的机遇和挑战等中国中小企业自主创新成长的背景进行整理，为西部中小企业生态性自主创新的实践探索提供历史和现实依据。

第七章 中小企业生态性自主创新成长的国内外经验借鉴与启示。通过考察促进中小企业生态性自主创新成长的国内外经验和措施，进行典型案例分析，归纳出国内外中小企业生态性自主创新成长经验对促进西部中小企业生态性自主创新成长的启示，为本书的开展提供实践依据和经验参照。

第八章 西部中小企业生态性自主创新成长实证考察与分析。以西部中小企业生态性自主创新成长理论为指导，深入西部中小企业创新成长的实践，通过实地调研、问卷调查、间接资料收集和再整理等方式，把握西部中小企业生态性自主创新成长现状，分析西部中小企业生态性自主创新成长能力，根据不同的生态性自主创新类型，选取有代表性的西部传统产业中的中小企业作为利用式生态性自主创新成长的研究标本，选取有代表性的西部高科技产业中的中小企业作为西部中小企业探索式生态性自主创新成长的研究标本，通过回顾与分析其生态性自主创新成长的实践，整理促进西部中小企业自主创新成长不同的战略生态模式。在此基础上，归纳出西部中小企业生态性自主创新成长中存在的主要困难和障碍。

第九章 促进西部中小企业生态性自主创新成长的对策建议。在理论研究和实践探索的基础上，根据西部中小企业生态性自主创新成长中存在的重要困难和障碍，提出促进西部中小企业生态性自主创新成长的对策建议，主要包括促进西部中小企业生态性自主创新成长的原则与目标、重塑西部中小企业创新型商业生态系统，优化西部中小企业生态性创新网络、强化西部中小企业生态性创新网络治理等，并对数字经济时代促进西部中小企业生态性自主创新成长进行了展望。

二、本书主要创新点

西部中小企业在形成中小企业创新网络克服自身自主创新能力不高的局限，通过不断优化中小企业创新网络实现自主创新，产生协同创新溢出效应，促进西部中小企业可持续成长有许多值得深入和拓展之处。本书在以下三方面体现了本书的边际贡献：

（一）构建了西部中小企业生态性自主创新成长理论

在研究中运用生物学类比，综合采用企业生态学、复合网络理论、系统工程理论、协同学理论、产业组织理论、博弈理论、经济地理学、计量经济学、数理模型分析方法中的优化模型等理论与方法，形成经济学、生态学、管理学、系统工程学等多门学科的"多重理论分析构架"，对中小企业自主创新理论基础进行生态化拟合，赋予西部中小企业自主创新成长环境和西部中小企业创新网络生态学特征，结合西部地区属性，将西部中小企业自主创新成长环境和西部中小企业创新网络分别生态性诠释为"西部中小企业商业生态系统"和"西部中小企业生态性创新网络"，阐释西部中小企业生态性创新网络优化来形成西部中小企业自主创新成长动力的机理，探讨了中小企业生态性创新网络的治理，形成了包括西部中小企业商业生态系统理论、西部中小企业生态性创新网络理论、西部中小企业生态性自主创新成长动力理论、西部中小企业生态性创新网络治理理论四位一体的西部中小企业生态性自主创新成长理论框架，能够更形象、更全面和更深入地为研究西部中小企业自主创新成长问题提供理论指导。

（二）阐释了西部中小企业生态性自主创新成长动力形成过程

现有中小企业自主创新成长的研究多为以中小企业自主创新成长动力为导向，探讨创新网络与自主创新成长动力之间的因果关系，对中小企业自主创新成长的过程重视不够。本书用有机的、生态联系的、系统的观点，取代无机的、孤立的、片面的观点，通过对中小企业生态性自主创新成长动力产生的过程和结果进行全面系统而有针对性的研究，研究工作成果包括构建起"西部中小企业生态性创新网络结构—西部中小企业生态性创新网络的动态优化模型—以协同创新效应推动西部中小企业实现自主创新的系统动力学模型"这三级环环相扣、层层递进的模型，研究和探索西部中小企业生态性创新网络优化形成促进西部中小企业自主创新成长动力的机理和机制，以清晰的研究思路和严谨的逻辑揭示出西部中小企业生态性自主创新成长动力形成规律，为促进西部中小企业生态性自主创新成长提供更多的理论依据。

（三）研究和探索了促进西部中小企业生态性自主创新成长之路

西部中小企业是西部地方经济发展的支柱，对西部地区实现科学发展，深入推进西部大开发至关重要。而深入推进西部大开发关系到"推动区域协调发展，优化国土开发格局"目标的实现，加快西部地区实现高质量发展具有重要意义。自西部大开发以来，西部中小企业成长迅速，带有本土根植性特征的"原发性"色彩逐步淡化，原发性、衍生性、孵化型、嵌入型等不同种类的中小企业共生发展，为研究如何通过中小企业创新网络优化产生中小企业自主创新成长的动力提供了丰富的研究资料。为通过促进西部中小企业自主创新成长，推动东部、中部、西部地区的协调发展，将主要依靠自然资源优势、照搬先进地区或完全依靠发达地区中小企业嵌入等西部中小企业传统的成长转变成西部中小企业生态性自主创新成长进行了理论研究和实践探索。

第二章 相关理论研究回顾与述评

第一节 国外相关研究述评

一、企业理论简要梳理

中小企业是重要的企业类型，企业是生产经营的基本组织单位，是国民经济的重要基石。企业理论对企业产生的原因、企业的性质、企业组织形式、企业的职能、公司治理、企业竞争力等方面规律的解释力在不断增强，越来越接近现实世界。企业理论内涵丰富，理论流派众多，至今仍未形成一套公认的理论体系，一直在不断发展和深化。新古典企业理论和现代企业理论两分法是最为常用的企业理论分类方法。新古典企业理论是数量型的企业理论，在研究中将企业视为整体来研究投入和产出。新古典企业理论假设厂商具有经济理性，企业的投入产出效果取决于企业拥有的劳动力的数量和质量、生产资料的多少、企业家的能力等。新古典企业理论认为企业是为了赚取最大利润而组成的经济组织，是多个生产函数的集合。新古典企业理论没有打开企业"黑箱"，忽视了企业结构异质性对投入产出效果的多方面影响。现代企业理论打开了企业"黑箱"，是结构型企业理论。其产生的标志是科斯于 1937 年发表的《企业的性质》一文。在《企业的性质》中，科斯认为新古典企业理论忽略了企业制度结构和交易费用在投入和产出中的重要作用，不能很好解释生产活动为什么能在企业内进行，也不能很好解答企业的边界及其决定等一系列重要问题，这些导致新古典企业理论的解释力不足。科斯认为，企业结构对企业的运行有重要影响。为研究企业结构对企业运行的影响，通过建立交易费用理论打开企业"黑箱"，探讨企业结构与企业成立与运行等问题，较为圆满地解释了企业为什么存在、企业的性质是什么，以及企业的边界在哪里（企业规模）等一系列与企业相关的重要问题，在相当程度上弥补了新古典企业理论的不足，是当前主流企业理论，并派生出了委托代理、公司治理等理论。

二、企业成长理论简要梳理

（一）企业成长研究的重点

企业成长包括了企业由小到大、由弱到强的过程，相关的研究文献较多，经文献整理，可以发现企业成长的研究重点主要集中在强调企业成长规模的企业成长性研究和强调企业竞争力的企业可持续性研究两个方面：在企业成长性方面，以亚当·斯密、马歇尔为代表的古典经济学派认为分工带来了专业化，促进了生产效率的提高，为了更好分工，需要有分工协作，而规模是保证分工协作得以可持续进行的重要保障，企业成长意味着企业分工协作能力的不断增强。因此，企业成长的标志是企业规模不断扩大。在企业可持续性方面，以熊彼特为代表的创新经济学家认为企业的成长的动力来自企业创新，而企业创新是企业家在企业中对生产要素进行了新的组合，使得原有企业发生"创造性毁灭"，产生了新的企业，从而实现了企业成长。迈克尔·波特等学者进一步将企业创新能力与企业竞争力联系起来，认为企业创新提高了企业竞争力，企业竞争力是企业成长动力。因此，企业成长的标志是企业竞争力不断增强。进一步地，以伊查克·爱迪斯为代表的企业生命周期理论者认为企业成长可划分为不同生命周期，企业在生命周期的不同阶段有不同的成长状态和成长表现。

（二）企业成长外生论和内生论

从企业成长理论所属的学科范畴来看，企业成长理论起初产生于经济学领域，探讨的是生产要素在企业中的配置和利用问题。随着研究深度和广度的不断拓展，企业成长研究逐渐融合了包括管理学、社会学等多学科理论，成为多学科范畴问题。企业成长理论思想渊源可以追溯到马歇尔对企业成长规律的阐述，企业成长理论大致包括企业外生成长理论和企业内生成长理论两大类。企业外生成长理论认为企业成长的外部因素对企业成长具有决定性作用，企业内部因素在企业成长中的作用可以忽略不计。企业外生成长理论在古典企业理论时代占据了主流。自现代企业理论产生之后，对企业成长的研究视角深入到了企业内部，随之产生了企业内生成长理论。企业内生成长理论的开创者是彭罗斯，她在其名著《企业成长理论》中首次提出企业成长的动力来自企业内部的高效管理，企业外部因素对企业成长没有作用。自彭罗斯始，企业成长理论呈现出企业外生成长理论和企业内生成长理论相互交织的局面，其中，钱德勒关于技术发展和市场扩大推动企业成长的理论、迈克尔·波特的企业竞争战略推动企业成长的理论极具代表性，对企业成长理论的发展做出了经典贡献。现代企业理论中关于企业成长的其他主要理论观点还有：①科斯关于企业边界的理论。②威廉姆森对企业最优规模的分析。③阿尔钦和德姆塞茨的"团队生产"理论。④彼得·圣吉的学习型组织理论。⑤迈克尔·哈默和詹姆斯·钱皮的企业再造理论。⑥普拉哈拉德和哈默尔的核心竞争力理论。⑦高哈特和凯利的企业蜕变理论。

需要指出的是，数字经济是继工业经济之后的新经济形式。在数字经济下，数据要素具有边际报酬递增和规模报酬递增的特征，与传统要素边际报酬和规模报酬递减有根本的不同，而且数字经济所包括的数字产业化和产业数字化正在催生出一系列新产业、新业态和新商业模式，这些必将给企业成长从理论到实践带来革命性影响。已经有研究与时俱进，探讨数字经济时代企业成长问题，如对数字化转型对企业成长的政策效应和数字化转型推动企业成长的机制进行了研究，并在研究中发现当前数字化转型对制造业企业成长效果尤为明显[①]，分析了创业企业如何在数字经济下，利用数字平台生态系统内的数字基础设施实现快速成长，并提出了数字平台生态中创业企业的成长战略[②]。

（三）企业成长的组织形式研究

企业成长的组织形式主要有企业集群、企业集群网络等。韦伯的工业区位论、杜能的农业区位论、克里斯泰勒的城市区位论、廖什的市场区位论、马歇尔的聚集经济理论等认为通过企业的空间聚集的方式，能够产生聚集效应，增强区域市场实力，从而提高区域经济竞争力。20 世纪 80 年代后，国际上关于企业成长的组织形式的研究领域更广，经济学、管理学、地理学、社会学、技术创新、贸易等多个学科领域多有涉猎，产生了诸如"新产业区学派""产业集群学派""创新系统学派""贸易分工学派""新经济地理学学派"等多个理论学派。斯科特、萨贝尔、萨克森宁、波特、佛农、保罗·克鲁格曼等是这些学派的主要代表。多个理论流派的共同观点是，企业集群是富有活力的组织形式，企业加入企业集群之后，能够以企业集群优势弥补单个企业的不足，在企业投资的来源、信息技术的获取、企业相关制度的制定与执行、与其他企业关系的协调等方面运作起来更加有效，从而能够突破"规模报酬递减"对企业发展的制约。企业集群本身也在不断发展之中，企业集群网络日益成为企业集群的新组织方式，越来越多的研究将企业间通过纽带关系联结而成的企业集群网络与企业成长联系起来，考察企业集群网络与企业成长的关系，认为企业集群网络是企业成长组织方式的创新，可以更高效、更全面地提供企业成长所需要的各类资源。

---

① 倪克金，刘修岩. 数字化转型与企业成长：理论逻辑与中国实践 [J]. 经济管理，2021（12）：79-97.
② 王节祥，刘双，瞿庆云. 数字平台生态系统中的创业企业成长研究：现状、框架与展望 [J]. 研究与发展管理，2023, 35（01）：72-88.

三、企业创新网络理论梳理

（一）企业创新网络内涵研究

随着技术创新进程的加快，企业创新研究中的新议题不断涌现，从20世纪90年代至今，以创新网络方式进行创新已经成为全球企业创新组织的常见模式，企业创新网络的研究成为创新理论研究中的热点问题[①]。一般认为，Freeman 是最早对创新网络（Innovation Networks）概念进行定义的学者，他认为创新网络是企业间的创新合作关系，具有正式和非正式制度安排[②]。创新网络可以节约市场交易费用，降低组织成本。从构成来看，有研究认为创新网络是复合型网络，包括产业链上的生产和经济网络，也包括社会网络、企业家个人的关系网络以及研发网络等[③]。

企业可持续成长理论认为，企业可持续成长的能力来自企业创新形成的长期竞争力。随着市场竞争不断加剧，单个企业无法开展产品开发活动，越来越需要通过联合行动才能取得理想的产品开发成效[④]，企业创新的位置已经从企业内部转向企业所处的网络之中，企业创新过程已经变成了一种网络过程[⑤]。在创新过程网络化趋势下，企业创新环境可以理解为开展企业创新活动的网络空间。各类企业创新主体在企业创新网络内通过相互之间的联系与互动，推动研究、开发、生产、销售等企业创新环节的顺利进行。Lundwal（1988）认为，企业创新网络就是不同的企业创新参

① 鲁若愚，周阳，丁奕文，周冬梅，冯旭. 企业创新网络：溯源、演化与研究展望［J］. 管理世界，2021（01）：217-233.

② Freeman C. Networks of Innovators：A Synthesis of Research Issues［J］. Research Policy，1991（20）：499-514.

③ Camagni R. Innovation Networks：Spatial Perspectives［M］. London：Beelhaven-Pinter，1991.

④ Piore M. and Sabel C. The Second Industrial Divide：Possibilities for Prosperity［M］. N. Y.：Basic Books，1984.

⑤ Powell W. W.，K. Koput and L. Smith Doerr. Inter-organizational Collaboration and the Locus of Innovation：Networks of Learning in Bio-technology［J］. Administrative Science Quarterly，1996（41）：116-145.

与者在创新过程中的联网行为，是由相互关系联结而成的网络①。有研究认为，占据网络中心地位的企业可以更方便地获得网络内学习效应所形成的新知识，从而产生更多的创新绩效②。

（二）企业创新网络的研究重点和研究方法

在企业创新网络研究重点方面，通过对企业创新网络的相关文献梳理，可以发现企业创新网络的研究成果大致集中在企业创新网络的概念及结构的研究、企业创新网络的形成与演化的研究、企业创新网络运行机制的研究、企业创新网络治理的研究等方面，可以划分为企业创新网络的治理结构和企业创新网络的进化过程两大类研究：第一类，企业创新网络治理结构的研究主要包括企业创新网络的构建、创新网络结构与特征、企业创新网络运行机制等的研究。第二类，企业创新网络的进化研究包括对企业创新网络在进化中出现的知识化、虚拟化和国际化等特征的研究。

在企业创新网络研究方法方面，由于企业创新网络是复杂网络，复杂网络的分析方法包括计算机仿真、统计物理、数理统计、演化网络博弈、系统动力学等不断被运用到创新网络的研究中，推动创新网络研究的广度和深度不断拓展和延伸。

第二节　国内学者的相关研究及贡献

一、企业成长问题相关研究

国内学者在企业成长问题的研究方面也十分活跃，如有学者在企业网

---

① Lundvall B. A. Innovation as an Interactive Process: From User-producer Interaction to the National System of Innovation [Z]. Technical Change and Economic Theory, 1988.

② Tsai W. Knowledge Transfer in Intra-organizational Networks: Effects of Network Position and Absorptive Capacity on Business Unit Innovation and Performance [J]. Academy of Management Journal, 2001, 44 (05): 996-1004.

络能力、网络治理以及企业成长理论间的内在联系等方面进行了较为深入的研究，分析和研究了企业成长过程中存在的社会关系网络、分工合作网络、市场网络、创新网络以及声誉网络等多类型网络的演化规律，揭示了网络演化与企业成长的对应关系①。有研究通过扎根理论与纵向案例分析相结合的方法研究发现，企业在成长过程各阶段的成长能力是不断演变的，企业要实现持续成长就要在不同的成长阶段形成与该阶段相适应和匹配的动态能力②。随着研究的深入，国内学者对企业成长研究的视野由研究基于企业自身成长的研究拓展到企业外部，将企业成长与企业所处的产业组织相关联来展开企业成长的研究，如有学者从产业链整合视角研究了电商平台企业的成长，在研究中探讨了电商平台企业如何通过产业链整合行为促进自身的成长，并且构建了产业链整合促进电商平台企业成长的动态演化模型，提出了电商平台企业成长的服务优化策略、核心能力策略与生态化策略③。有研究发现通过释放出产业链龙头企业优势而释放出来的产业链红利能够显著降低下游制造企业的生产成本和提高其劳动生产率，进而促进下游制造企业成长④。

二、中小企业成长的相关研究

中小企业成长是企业成长中的重要内容，中小企业成长和壮大直接关系到中国企业的整体素质和中国经济的可持续发展。中小企业成长问题也是国内学者研究的热点之一，同样也积累了不少相关研究成果。例如，有研究对中小企业成长的外部环境、内部治理和企业绩效进行了研究，认为促进中小企业成长一是中小企业要提升自身的治理水平，二是政府要为中

---

① 冯文娜，杨蕙馨．网络演化与企业成长的对应关系研究［J］．东岳论丛，2010，31（04）：64-70．

② 夏清华，何丹．企业成长不同阶段动态能力的演变机理——基于腾讯的纵向案例分析［J］．管理案例研究与评论，2019，12（05）：464-476．

③ 李世杰，李倩．产业链整合视角下电商平台企业的成长机理——来自市场渠道变革的新证据［J］．中国流通经济，2019，33（09）：83-92．

④ 叶振宇，庄宗武．产业链龙头企业与本地制造业企业成长：动力还是阻力［J］．中国工业经济，2022（07）：141-158．

小企业创造较好的成长外部环境，特别是融资环境①。有研究对中国中小企业成长的要素集成问题进行了研究，指出随着企业成长与内外部环境的变化，适时调整中小企业成长要素系统中的动力源泉、驱动因素、制约因素、成长路径和成长机制五种子要素系统，实现各子要素系统间协同作用，才能有效保证中小企业持续健康成长②。有研究认为资源单位是分析企业成长的新视角，并基于行为策略调节作用研究了中小企业资源配置与创新成长关系③。

三、企业创新网络的相关研究

创新网络是创新环境、创新系统的网络组织形式，是企业创新的重要组织方式，也是研究的重点和热点。关于企业创新网络，国内学者代表性的研究成果主要有：①对企业创新环境的研究。有研究对企业与社会环境、市场环境、企业内部环境之间的相互作用进行了分析，认为企业与环境之间存在相互的动态调适，企业对所处的环境具有反作用，企业的主动性和创新性对企业适应环境的变化非常重要④。有学者对技术创新与创新环境之间的非线性关系进行了研究，认为不同类型企业的技术环境、人文环境、政法环境、市场环境和经济环境等创新环境和技术创新之间有不同的正相关和非线性关系⑤。有研究指出，在网络化创新背景下，创新环境就是企业创新网络，由创新主体、主体间的联系以及影响主体和联系的制度条件三方面因素构成，并分析我国在创新环境建设方面存在的主要问题，从激发主体活力、强化创新联系、完善创新制度和政策等方面提出了

---

① 郝臣. 中小企业成长：外部环境、内部治理与企业绩效——基于23个省市300家中小企业的经验数据 [J]. 南方经济，2009 (09)：3-12.

② 魏华飞，尹兴科. 我国中小企业成长诸要素集成关系研究 [J]. 科技管理研究，2013 (16)：228-232.

③ 李晓翔，刘春林. 中小企业资源配置与创新成长关系研究：行为策略的调节作用 [J]. 研究与发展管理，2018，30 (05)：70-80.

④ 赵锡斌，鄢勇. 企业与环境互动作用机理探析 [J]. 中国软科学，2004 (04)：93-97+92.

⑤ 孙冰，张为峰. 技术创新与创新环境之间的非线性关系研究 [J]. 统计与决策，2013 (06)：171-174.

进一步优化我国创新环境的对策和建议①。②对创新系统的研究。有研究指出企业创新系统是国家、区域和集群创新系统的基础构成单元。国家、区域和集群创新系统为企业创新系统发展提供支撑②。随着数字经济迅猛发展，产生了数字创新生态系统。有研究对数字创新生态系统治理进行了研究，根据数字创新生态系统的特征及治理困境，从关系机制、激励机制、控制机制三个方面，构建了基于数字平台构建、数字技术应用及数字资源协同的创新生态系统治理机制③。③对创新网络治理的研究。李维安等从理论、运作、模式、案例等方面较为系统和全面地介绍了作为组织发展新趋势的网络组织④。有研究在大量文献考察的基础上，认为需要对企业创新网络治理要进行多方面和多角度的定义，形成创新网络治理的定义框架，用以对企业创新网络进化过程与内在机制的研究，并进一步分析了我国企业创新网络进化的初始条件、总体趋向、动力机制、学习机制以及进化过程中的陷阱，并尝试性地提出企业创新网络进化的一般模式⑤。有研究对企业创新网络构建与演进的影响因素实证分析，认为企业创新网络的构建和演进要受到企业和企业家两个层面因素的影响⑥。相当多的学者对创新网络进行了模型化研究，如有研究基于环境不确定性影响创新网络演化的视角，从技术和市场两大环境不确定因素入手，建立了创新网络演化模型，并从更为宏观的角度来研究不同技术和需求环境下创新网络的演

①　李双金，王丹．网络化背景下的创新环境建设：理论分析与政策选择［J］．社会科学，2010（07）：36-44.

②　魏江，陶颜，胡胜蓉．创新系统多层次架构研究［J］．自然辩证法通讯，2007，29（04）：37-43+80.

③　魏江，赵雨菡．数字创新生态系统的治理机制［J］．科学学研究，2021，39（06）：965-969.

④　李维安等．网络组织：组织发展的新趋势［M］．北京：经济科学出版社，2003.

⑤　王大洲．企业创新网络的进化与治理：一个文献综述［J］．科研管理，2001，22（05）：96-103.

⑥　邬爱其．企业创新网络构建与演进的影响因素实证分析［J］．科学学研究，2006，24（01）：141-149.

化的不同路径①。有研究基于知识吸收的中介效应，对企业协同创新网络特征与创新绩效进行了研究②。有学者对企业间协同创新惰性产生的原因及解决企业创新惰性的对策进行了研究③。也有研究用社会网络分析方法和管理学相关理论建立起交互效应模型，对企业网络位置、吸收能力与创新绩效之间的关系进行了研究④。随着创新网络的研究不断深入，不少学者运用多维邻近性框架解析企业创新网络形成的内在机制⑤。有研究通过案例分析，探讨了如何通过构建企业创新网络来突破关键核心技术⑥。

四、中小企业创新网络的相关研究

国内学者对中小企业创新网络也展开了大量研究：有研究归纳了区域中小企业创新网络的基本框架、网络结点的关系链形式以及不同结点联系对创新绩效影响的差异，并且分析了中小企业创新网络的结点联结强度对创新绩效的影响⑦。有研究利用结构方程模型（SEM）对我国中小企业外部环境进行了行业异质性和区域异质性的定量研究，并对中小企业外部环境存在行业和区域差异的原因进行了分析⑧。有研究构建了不同类型的中小企业网络与中小企业成长的关系模型，并对这些模型进行了验证，用以

---

① 程跃，银路，李天柱．不确定环境下企业创新网络演化研究［J］．科研管理，2011，32（01）：29-34+51．

② 解学梅，左蕾蕾．企业协同创新网络特征与创新绩效：基于知识吸收能力的中介效应研究［J］．南开管理评论，2013，16（03）：47-56．

③ 肖鹏，余少文．企业间协同创新惰性及解决对策［J］．科技进步与对策，2013，30（10）：84-87．

④ 钱锡红，杨永福，徐万里．企业网络位置、吸收能力与创新绩效——一个交互效应模型［J］．管理世界，2010（05）：118-129．

⑤ 曹贤忠，曾刚，司月芳，张海娜．企业创新网络与多维邻近性关系研究述评［J］．世界地理研究，2019，28（05）：165-171．

⑥ 郑刚，邓宛如，王颂，郑杰．企业创新网络构建、演化与关键核心技术突破［J］．科研管理，2022，43（07）：85-95．

⑦ 池仁勇．区域中小企业创新网络的结点联结及其效率评价研究［J］．管理世界，2007（01）：105-121．

⑧ 陈晓虹，张亚博．中小企业外部环境比较研究［J］．中国软科学，2008（07）：102-112．

分析不同类型网络对中小企业成长的不同影响①。有研究对中小企业协同创新网络的构建进行了探讨，以中小企业为核心，运用创新网络理论和协同理论构建中小企业协同创新网络，并且分析了中小企业协同创新网络的协同效应，认为中小企业协同创新网络能够促进中小企业快速和健康成长②。有研究通过博弈模型，对中小企业技术创新网络的演化进行了分析，认为中小企业以联盟的方式或加入技术创新网络是中小企业创新的发展趋势③。有研究在对不同区域、不同行业中小企业创新网络调研的基础上，分析了不同类型的中小企业协同创新网络对企业绩效的影响④。有研究在中小企业创新网络的网络规模、网络中心性、网络关系强度、网络关系质量四个维度上，运用结构方程研究如何提高中小企业知识吸收能力⑤。

第三节　国内外相关研究述评

通过对国内外众多相关研究成果梳理，我们可以发现中小企业自主创新成长的研究成果众多，表现出以下特征：第一，从企业成长空间对企业成长的影响来看，经典的企业成长理论的研究前提是假定企业成长的空间不变，即在企业成长空间内，企业与企业之间、企业与政府之间、企业与职工之间、企业与消费者之间、企业与相关金融机构之间，以及企业成长

① 吕一博，苏敬勤．企业网络与中小企业成长的关系研究［J］．科研管理，2010，31（04）：39-48.

② 唐丽艳，陈文博，王国红．中小企业协同创新网络的构建［J］．科技进步与对策，2012，29（20）：89-93.

③ 张树义，蔡靖婧．中小企业技术创新网络的演化分析［J］．运筹与管理，2014，23（04）：258-263.

④ 赵艳华．中小企业协同创新网络绩效的实证研究［J］．学术论坛，2015（05）：52-56.

⑤ 田红云，刘艺玲，贾瑞．中小企业创新网络嵌入性与知识吸收能力的关系［J］．科技管理研究，2016（15）：186-191+196.

的政治、社会、自然环境等因素之间是没有相互反馈联系的简单线性关系，这些关系构成了稳定的、可识别的企业成长空间，在固定不变的企业成长空间内，可以通过线性分析方法预测和分析企业未来的成长路径。企业成长问题分析的重点是在已固化的企业成长空间内研究企业生存和发展的机制、企业成长的动力与企业成长的路径等。企业成长实践表明，企业成长空间结构是动态变化的，企业成长空间内的企业与企业之间、企业与政府之间、企业与职工之间、企业与消费者之间、企业与相关金融机构之间，以及企业成长的政治、社会、自然等环境因素之间存在相互反馈的复杂关系，使得企业成长是一个动态和复杂的过程。第二，从企业成长动力来看，企业成长的动力经历了传统的要素驱动、资本驱动向创新驱动的转变。通过企业创新形成企业长期竞争力，促进企业成长已经成为学术界和实际工作部门的共识。企业创新的组织方式是企业创新网络，企业创新网络的理论和实践不断延伸和拓展。企业成长理论经历了从静态到动态、从简单到复杂、从单一学科到多学科融合的演变过程，研究的重点逐渐集中在企业成长质量的研究上，即企业如何通过创新获得长期竞争力，从而实现企业可持续成长。随着国内外经济形势激烈变化，全球产业链和价值链正在解构和重组。中国正在加紧构建新发展格局，推动高质量发展。在新的形势下，西部中小企业自主创新成长中会不断遇到新情况和新问题。如何未雨绸缪，在理论研究和实践探索中不断创新，积极应对各种复杂变化，因地制宜地促进西部中小企业自主创新成长是具有重要意义的战略问题。

西部中小企业自主创新成长是一个复杂的系统工程，促进西部中小企业自主创新成长，需要在以下几方面进行理论研究和实践探索的创新：

一、重视西部中小企业自主创新成长问题的研究

从文献梳理来看，现有的企业成长研究多是对规模以上企业，尤其是对上市企业成长的研究。规模以上企业和上市企业的相关数据和资料来源比较平稳和完整，可以从各类企业数据库中通过数据挖掘和整理而得，便

于进行规范的量化分析。由于中小企业规模小且行业分布广泛，实证材料来源不稳定，缺乏系统的数据统计，在研究中多通过采用实地访谈、问卷调查方式来获取中小企业相关的研究数据和实证资料，规范的计量分析方法的运用场景不理想，这样会使得中小企业实证研究结果的全面性和平稳性受到限制。即便是创业板市场兴起后，所获取的是符合上市条件的、成长状态相对较好的科技型中小企业的相关数据和资料，而大多数中小企业尤其是传统行业的中小企业，由于不符合上市条件，其相关数据和材料无法通过上市公司公开财务报表进行收集和整理。需要指出的是，由于西部中小企业的地域植根特征、资源依赖特征比较明显，多分布在传统产业中，长期以来被认为其成长是依靠享受西部自然生态环境和人口资源的红利，中小企业与自然生态环境之间关系存在断裂现象，中小企业对环境的负面影响甚至是制约地区经济可持续发展的重要原因之一。因此，对西部中小企业成长的研究兴趣更多集中在研究如何通过承接东部发达地区的产业转移的嵌入型中小企业和通过高科技形成的衍生型中小企业的成长上，并把这些类型的中小企业视为促进西部地区企业网络优化，实现西部地区可持续发展的主要动力，西部中小企业的成长往往局限于宏观战略层面，缺乏定量分析。实际上，西部中小企业顽强的生命力使得西部中小企业在西部大开发中发挥着多方面不可替代的作用，由于西部地区地域辽阔，区域内经济、社会和自然条件千差万别，在促进西部中小企业自主创新成长过程中存在许多理论研究的空白点和实际工作的难点，为企业成长的理论创新和实践探索提供了广阔的空间，因此，推动西部中小企业自主创新成长的研究进入企业成长研究的主流视野，具有很强的现实意义和理论意义。

二、创新西部中小企业自主创新成长理论和研究方法

西部中小企业自主创新成长的核心是源源不断获取西部中小企业自主创新动力。相关研究已经证明中小企业自主创新成长环境以及由此结网于中小企业自主创新成长环境内的中小企业创新网络是西部中小企业自主创新成长动力来源。西部中小企业自主创新环境复杂，创新网络结构较为松

散、集聚创新要素能力较低、创新网络协同整合能力不理想。现有中小企业创新网络的研究，尤其是实证研究，多集中在对中小企业集群发达、实证材料可获性相对稳定，数据采集相对便利的东部沿海发达地区、高科技园区以及现代制造业中的中小企业创新网络的研究上。西部中小企业自主创新成长的研究，甚至西部中小企业的相关研究显得零星和分散，而且多为对策性研究，系统的理论研究比较少见。此外，在研究中，线性研究方法在研究具有复杂结构和复杂关系特征的西部中小企业自主创新成长环境和西部中小企业创新网络中越发显得力不从心。因此，西部中小企业自主创新成长的研究需要在现有研究理论和研究方法的基础上，积极引入新的研究理念和新的研究方法。

三、关注中小企业的非技术创新

中小企业自主创新分为技术创新和非技术创新两大类。现有的关于中小企业创新的研究大多是以研究中小企业的技术创新为主，对中小企业非技术创新的研究关注不多。中小企业非技术创新主要是指中小企业在产权制度、企业文化、企业家特征、人才队伍管理、市场及竞争、行业特征、地区差异、国民经济以及国家政策等方面的创新，涵盖了与中小企业技术创新密切相关的自然、经济、生态以及社会文化等内容，开展的成本相对较低，对技术创新起到支持和辅助作用。西部中小企业自主创新整体能力还不高，大多处于非突破性创新阶段，相对于技术创新来说，西部中小企业在非技术创新方面有优势，因此，西部中小企业在自主创新成长中以非技术创新为起点和基础，改善西部中小企业自主创新成长环境，构建起西部中小企业有效的创新网络，通过为技术创新夯实基础，是符合西部中小企业自主创新实际的西部中小企业自主创新成长之路。这方面同样有许多值得关注和研究的问题。

从实践来看，西部地区在改革开放以来，尤其是在西部大开发以来取得了有目共睹的成就，发展成效显著。在西部大开发初期，西部地区希望通过承接东部发达地区产业转移以实现跨越发展，同时带动西部中小企业的发展。由于梯度推移黏性等原因，在西部大开发实践中没有出现大规模的东业西移现象，产业转移战略并未取得预期的成效。与之相对应的是，东部企业网络快速升级，东部中小企业集群质量不断提高。西部中小企业与东部中小企业的差距不断拉大。因此，从长远来看，要发挥西部地区内部的能动性，走开放式自主创新成长之路，促进西部中小企业成长。为此，需要有新的理论和方法来研究如何改善西部中小企业自主创新成长环境，提高西部中小企业创新网络质量，促进西部中小企业自主创新成长，完善各个层次的创新体系，全面推进西部大开发，促进东西部区域和谐发展，落实党的二十大提出的加快构建新发展格局，推动高质量发展的一系列战略。

第三章 中小企业自主创新成长的理论基础

第一节 中小企业的内涵及中小企业成长

一、中小企业的内涵

（一）中小企业的概念

企业（Enterprise）是生产和经营的基本单位，一般是指以营利为目的，实行自主经营、自负盈亏、独立核算的法人或其他社会经济组织，包含有多种类型。中小企业（Small and Medium-sized Enterprises，SMEs）是重要的企业类型，一般是指从业人数较少和生产经营规模较小的企业。中小企业在经济生活和创新活动中表现活跃，在扩大就业、丰富和活跃市场、提高人民生活质量、稳定社会秩序、推动创新成果转化等方面发挥着积极和重要的作用，是中国经济高质量发展的重要力量。

（二）中小企业划型标准

中小企业由于规模小、分布产业广泛、生产方式多样且生产经营水平参差不齐，因此，中小企业的划型标准在不同国家、不同行业和不同经济发展阶段不尽相同。目前世界各国中小企业的划型标准大致有定性划型标准和定量划型标准两大类：第一类，中小企业定性划型标准。中小企业的定性划型标准是从中小企业的经济特征和控制方式等角度对中小企业的类别加以划分。在此划型标准下，中小企业被划分为市场份额较少的中小企业、自主经营的中小企业以及中小企业主拥有控股权的中小企业等。第二类，中小企业定量划型标准。中小企业定量划型标准是通过数量指标体系衡量和界定中小企业。在定量划型标准下，世界多数国家是以从业人数、资产总额和销售额三个数量指标来对中小企业划型。其中，从业人数是世界各国普遍选用的首要指标。目前定量划型标准是世界上大多数国家采用的中小企业划型标准。即便采用中小企业定性划型标准的国家，由于定性划型标准中含有过多的主观判断成分，在实践中难以客观和准确把握，所以在使用定性划型标准对中小企业划型的同时，也辅之以一定的定量划型指标。

根据经济发展的实际，我国对中小企业的界定和划型经历了多次调整。2017 年修订的《中华人民共和国中小企业促进法》规定，中国的中小企业包括中型企业、小型企业和微型企业。将微型企业划入中小企业范畴，能够将大量存在于民间的但规模非常微小的生产经营单位（如个体户、夫妻店等）纳入国家对中小企业扶持政策之中，能更全面、更有效地反映中国中小企业，尤其是西部中小企业的实际情况，从而能够更有效地促进中小企业成长，发挥中小企业对高质量发展的积极作用。在具体划型标准方面，由工业和信息化部、国家统计局、国家发展和改革委员会、财政部联合印发的《关于印发中小企业划型标准规定的通知》中对中小企业具体的划型标准进行了明确规定①。当然，中小企业类型和划分标准的多样性会使得中小企业相关数据缺乏规范性、连续性和稳定性，中小企

---

① 涉及农、林、牧、渔业，采矿业，制造业，电力、热力、燃气及水生产和供应业，建筑业，批发和零售业，交通运输、仓储和邮政业，住宿和餐饮业，信息传输、软件和信息技术服务业，房地产业，租赁和商务服务业，科学研究和技术服务业，水利、环境和公共设施管理业，居民服务、修理和其他服务业，文化、体育和娱乐业 15 个行业门类以及社会工作行业大类。

业成长相关研究所需的资料采集困难，使得中小企业的相关研究结论和中小企业的真实状况之间有一定的差距。

二、中小企业成长

（一）中小企业理论演变历程①

中小企业可以追溯到"产业革命"前的手工作坊。由于"产业革命"前的产业结构以农业为主，手工业作坊几乎就是唯一的非农业生产方式，因此没有产生中小企业理论的必要。"产业革命"后，由于机器的使用和近代工业体系的建立，推动劳动生产率大幅度提高，新兴企业不断产生，传统的手工作坊受到猛烈冲击，中小企业生存问题的重要性凸显，由此推动了中小企业理论的产生。

进入 20 世纪 60 年代后，中小企业由于经营方式灵活，市场适应能力强，在推动经济发展中发挥了重要作用，逐渐成为现代化经济体系中的重要组成部分，同时，大企业对经济社会造成的负面影响也使得人们开始注意到中小企业的优势。人们不再从求生存的角度去分析中小企业如何在激烈的竞争中求生存，而是力图从中小企业在社会经济结构中发挥着不可替代作用的角度来研究中小企业的成长问题，逐渐形成了中小企业理论体系。中小企业成长理论是中小企业理论体系的重要组成部分。

（二）中小企业成长特征

"成长"（Grow up；Grow to Maturity）原意是指生物适应环境变化，不断变得成熟稳重的变化过程。借用"成长"的含义，中小企业成长是中小企业适应成长环境变化，协调多方面关系，不断突破、不断发展，实现规模扩大和质量提高的过程。中小企业成长是中小企业量变和质变结合的过程，是中小企业在一个较长时期内由小变大、由弱变强的过程，是中小企业在各个成长阶段企业内外作用力叠加作用的结果，呈现出持续和不断变革的特征。虽然由于规模不同、生产和经营特点不同、市场能力和市

---

① 李庚寅，黄宁辉. 中小企业理论演变探析［J］. 经济学家，2001（03）：97-105+111.

场表现不尽一致，中小企业与大型企业在成长路径和成长方式等方面存在不同之处，但中小企业本质上是企业，所以中小企业具有一般企业的成长特征，企业成长理论对中小企业成长同样具有指导意义。

（三）中小企业成长影响因素

中小企业成长影响因素来自中小企业内部和外部：第一，中小企业成长的内部影响因素。中小企业成长的内部影响因素主要包括中小企业的企业家素质（企业家精神）、中小企业市场适应能力、中小企业技术创新能力、中小企业制度创新能力等，作用于中小企业的素质，是中小企业自身质量的体现。第二，中小企业成长的外部影响因素。中小企业成长的外部影响因素主要包括公共政策与法规、融资环境、人才市场和机制等，作用于中小企业成长环境，是中小企业成长环境的重要组成部分。

研究发现，中小企业成长中长期存在的两大难题是中小企业融资困难和中小企业技术创新能力弱：第一，解决中小企业融资难主要是大力发展中小金融机构、综合改革中小企业融资环境、构建中小企业融资的数字金融生态链、打造基于数字技术的新型中小企业融资体系。第二，提升中小企业技术创新能力的主要途径包括开展中小企业自主创新、提升中小企业创新能力、实施中小企业技术创新政策、积极优化营商环境等。中国中小企业成长背景具有鲜明的时代特征，经济增长方式转型、西部大开发、加入 WTO、扩大内需、经济发展新常态、供给侧结构性改革、经济高质量发展等先后是不同时期中小企业成长的时代主题。进入高质量发展新阶段后，在多重冲击，尤其是自 2020 年以来，解决生存危机，走出生存困境是中小企业的第一要务，众多相关研究从国家政策持续支持角度和中小企业自救角度提出了不少应对之策。在全面建设社会主义现代化国家新征程上，中国中小企业成长将在理论和实践方面持续创新。

第二节　创新理论与企业创新

一、创新理论概述

创新理论源远流长，观点众多。一般认为，现代创新理论（The Innovation Theory）的产生是以约瑟夫·熊彼特 1911 年发表的《创新发展理论》为标志。熊彼特在《创新发展理论》中指出，创新是建立起新的生产函数，把生产要素和生产条件结合而成"新组合"，并把"新组合"作为新的生产要素引入生产函数之中，通过新生产函数分析和预测产生推动经济发展新动力的机理和路径等问题。生产要素和生产条件的"新组合"被称为"创新"（Innovation）。创新是从科技成果产生并实现商业化和产业化的过程，包括知识、技术、经济等多个环节。熊彼特以新的产品、新的生产方式、新的市场、新的材料及其来源和新的组织形式划分了五种创新的具体方式。自从熊彼特创建现代创新理论后，创新问题成为长期研究的热点，吸引了大批学者加入创新研究之中，取得了大量、多角度的相关研究成果。随着创新理论研究的不断深入和创新实践探索的不断拓展，创新主体也由企业拓展到国家、地区、城市、产业、企业、非企业组织和个人等，不同的创新主体在不同层次上引领创新。从创新实践来看，企业是最具活力和代表性的创新主体，众多的创新活动仍以企业组织的创新为主，许多创新是由企业率先开展并进行市场化转化的。

二、企业创新

（一）企业创新的概念

创新与发明不同，大部分产生于企业之中，包括创新成果的市场化，创新除了知识获取和知识技术化外，还包括商业化的内涵。根据现代创新理论中关于创新的界定，企业创新是指企业通过企业内外各个层面的技术、制度和管理的创造和革新，获取知识并将获取的知识转化成新产品、开发出新的生产方式、开辟新的市场、发现新的材料及其来源，形成新的组织形式等企业创新成果，将企业创新成果市场化，取得企业创新经济效益。企业创新是一个包括知识获取、知识技术化、技术创新成果化、创新成果市场化的过程。

（二）企业自主创新成长相关的企业创新理论

由于企业成长与经济发展密不可分，与企业创新成长直接相关的创新理论可以视为经济增长理论的一部分。当前内生增长理论在经济增长理论中占据主流位置，而内生增长强调的是技术（自然科学技术）和制度（管理技术）对经济增长的能动性，因此，与企业自主创新成长相关的企业创新理论是以经济增长中的内生增长理论为依据的企业创新理论，主要包括两大类：一类是企业技术创新理论。该理论将企业自主创新视为企业内生性创新，将技术要素内生于增长方程，由此揭示企业技术创新推动企业产出持续增加，实现规模报酬递增，进而促进企业成长的逻辑机理，强调企业技术创新是企业成长的重要动力。另一类是企业制度创新理论。该理论基于制度的功能，即制度能降低交易成本、增强人的信任、实现人与人的合作、保护个人自由、为个人选择提供激励、提供给人们关于行动的信息、减少外部性和机会主义，抑制人性弱点等。企业制度创新通过企业生产组织形式或企业经营模式的创新，形成有效的企业创新激励机制，优化企业创新资源的配置，或纠正企业创新资源错配现象，从而能有效激发作为创新主体的企业的创新活力和创新动力，促进企业成长。这两大类企业创新理论分别侧重于企业的技术创新和企业的非技术创新，可以归纳为企业技术进步与企业制度创新。

（三）企业创新系统①

企业创新的复杂性使得企业难以独立创新，需要与各类企业创新的相

---

① 陈劲. 企业创新生态系统论［M］. 北京：科学出版社，2017.

关组织开展互动合作，是多元企业创新主体的交互过程，由企业家精神、研发系统、技术培训及政府四个子系统组合而成①。企业创新系统通常以企业创新网络的形式表现。企业内外各类创新要素搭载于不同的企业创新相关主体上，这些企业创新相关主体分布在企业创新系统的不同层次和不同维度上，彼此之间以正负反馈形成交互关系，构成具有复杂网络特性的企业创新网络。在企业创新网络内，各类企业创新主体之间正负反馈所产生的价值流、信息流和能量流交互作用，保持创新网络的平衡与运行。

（四）企业创新能力的衡量

企业创新能力贯穿于企业创新过程之中，是企业在创新研发、创新管理、创新营销、绿色创新、持续创新等方面的综合能力，常常从以下几方面衡量：第一，企业创新质量。企业创新质量主要包括企业创新对企业产品与服务质量、企业经营质量等的影响程度，通常以专利知识宽度测度。第二，企业创新绩效。企业创新绩效有多种衡量方式，可以归纳为由企业创新投入、企业创新过程、企业创新产出、企业创新效益四方面统筹而成的指标体系②。第三，企业创新效率。企业创新效率是指企业创新投入（主要包括人力、物力和财力等）与企业创新产出（主要指专利数量和收益大小等）之间的比较，主要包括企业内部创新效率和企业外部创新效率。

第三节　中小企业自主创新与中小企业自主创新成长

一、中小企业自主创新

（一）自主创新

中外学者对自主创新的概念和界定有所不同。在英美等发达国家对创

---

① 陈劲. 技术创新的系统观与系统框架 [J]. 管理科学学报, 1999, 2 (03)：66-73.

② 吴赐联, 朱斌. 企业主流与新主流创新绩效评价体系研究 [J]. 科技管理研究, 2018 (16)：37-44.

新的研究中，没有专门的"自主创新"一词，相似的概念有内生创新（Endogenous Innovation）。内生创新是将技术内生化，强调的是来自技术的冲击推动创新活动，进而促进经济增长。内生创新的主体是能够产生内生创新的组织，内生创新过程表现为长期增长（Long-run Growth），形式表现为自组织（Self-organization）形式。"自主创新"是技术落后并有意图奋发赶超先进国家或地区提出和强化的概念[①]。在自主创新的内涵方面，国内最早使用"自主创新"概念的是陈劲教授，他认为通过研究开发中的学习可以掌握技术的本质，得以实现自主创新[②]。有研究结合中国实际，认为自主创新包括了原始性创新、集成创新和引进技术的消化吸收再创新[③]。

　　综合多方观点，自主创新是指创新主体（通常是企业）依靠自身的能力和拥有的创新要素进行研究开发，是一个包括技术研发、推广和科技成果转化的复杂过程，是创新成果与市场需求相结合，获得市场创新效益的活动，涵盖了从创新的构思、研发、生产、直到产品商品化的多个环节。自主创新从本质上看是一种开放式创新，从创新行为上看是企业积极主动开展创新。由于企业是市场经济的主体是创造社会财富的主体，同时也是实现自主创新的主体，提高自主创新能力的关键在于提高企业自主创新能力，企业自主创新是自主创新的主要内容。企业自主创新是一个不断循环积累的过程，影响企业自主创新能力的因素主要有创新意识、创新投入能力、创新产出能力、创新活动管理能力、创新方式等[④]。国家统计局将企业的自主创新界定为企业开展的 R&D 活动[⑤]，使得企业自主创新的定性研究有了明确的内涵，量化研究有了可靠和稳定的实证资料和数据来源。

――――――――――――

　　① 刘国新，李兴文. 国内外关于自主创新的研究综述［J］. 科技进步与对策，2007，24（02）：196-199.

　　② 陈劲. 从技术引进到自主创新的学习模式［J］. 科研管理，1994（02）：32-35.

　　③ 张炜，杨选良. 自主创新概念的讨论与界定［J］. 科学学研究，2006，24（06）：956-961.

　　④ 曹洪军，赵翔，黄少坚. 企业自主创新能力评价体系研究［J］. 中国工业经济，2009（09）：105-114.

　　⑤ 资料来源：国家统计局发布的《第二次全国经济普查主要数据公报（第二号）》。

（二）中小企业自主创新

1. 中小企业自主创新的概念和特征

中小企业自主创新是指中小企业积极主动地以市场为导向开展创新活动，并将创新成果转化为经济效益，是一个多环节过程。中小企业在自主创新中有其独特的优势，如中小企业在生产和市场活动中表现积极而灵活，能较快接收和消化国内外市场、科技等方面的信息，对市场环境和市场需求的变化能够迅速做出应对，能够将技术创新成果与市场需求有效结合，高效率实现科技成果的市场化。另外，由于中小企业组织结构简单，管理层级少，中小企业经营者与一般从业人员之间、技术研发人员与生产人员之间沟通的成本较低，在中小企业自主创新中能够比较容易建立和保持密切而频繁的接触与交流渠道，能较为快速和有效地解决中小企业自主创新中遇到的情况和问题。因此，中小企业自主创新具有独特优势，能根据市场需要，快速生成和落地自主创新成果。

2. 中小企业自主创新的特征

与规模以上企业的自主创新相比，中小企业自主创新特点主要是中小企业自主创新的阶段性、中小企业自主创新的多样性和产业分布广泛性、中小企业自主创新的高效性等。

（1）中小企业自主创新具有阶段性。

中小企业自主创新是一个包括多环节的过程，具有多阶段特征：①从自主创新过程来看，根据中小企业自主创新的任务，中小企业自主创新可分为中小企业突破性自主创新和非突破性自主创新两个前后衔接的阶段。中小企业突破性自主创新阶段是指中小企业在创新中掌握了产品或工艺等的主导设计，即掌握了产品或产业标准的制定权，使得中小企业竞争力得以提高，能够长时间保持市场竞争优势的阶段。中小企业在突破性自主创新阶段的主要任务是产生主导设计。当中小企业获得了主导设计就标志着中小企业突破性自主创新阶段结束，随即进入中小企业非突破性自主创新阶段。在中小企业非突破性自主创新阶段，中小企业自主创新的主要任务是中小企业不断完善所掌握的主导设计，并为产生新的主导设计做准备。

当中小企业非突破性自主创新阶段发展到一定程度，又会被新的技术间断打破，催生出并掌握新的主导设计，从而进入新的中小企业突破性自主创新阶段和非突破性自主创新阶段，如此循环往复，周而复始。②从中小企业自主创新方式来看，中小企业自主创新包括正式自主创新和非正式自主创新两种方式。中小企业正式自主创新的成果能得到国家专利法等的法律保护；中小企业非正式自主创新由于创新知识的实用性和创造性达不到国家正式专利法律保护要求，其自主创新成果往往难以得到国家相关法律的保护。中小企业非突破性自主创新是温和的、累积渐进的过程，能形成和完善中小企业突破性自主创新的各项条件，降低中小企业自主创新的风险与不确定性，且难度较突破性自主创新低，具有更大的成功概率。目前中国大多数中小企业，尤其是传统产业中的中小企业，由于自主创新的能力还比较低，在相当长时期内处于非突破性自主创新阶段，在制定和实施中小企业自主创新的扶持政策时，要考虑到这一实际情况，才能让中小企业自主创新得到有效的支持。

（2）中小企业自主创新具有形式多样性。

中小企业广泛分布于传统产业和现代产业之中，相应地，传统产业的利用式自主创新和现代产业的探索式自主创新在中小企业自主创新中都有体现。相对大企业自主创新而言，中小企业自主创新更加灵活、更加多变，更加贴近市场需求的实际。中小企业既可以引领自主创新，也可以充当自主创新的配角，为大企业的自主创新提供服务。从创新成果数量来看，在国家技术创新成果中，来自中小企业自主创新的成果占有相当份额；从中小企业自主创新能力的表现上看，中小企业自主创新能力表现多样，既有在产业链和创新链上担当大企业自主创新从属和补充角色的中小企业，也有在产业链和创新链上某一环节上成为单项冠军、小巨人的"专精特新"中小企业。

（3）中小企业自主创新具有灵活高效性。

中小企业规模小，掌握信息快，市场活动能力强，能快速发现和把握自主创新机会和市场需要，迅速集中人力、财力和物力，在产业链和创新链的某一环节开展自主创新，并且能够将自主创新成果迅速推向市场，快速转变为经济效益，自主创新的效率较高。据有关资料，从创新周期来看，日本中小企业自主创新周期整体上明显短于大企业自主创新周期，约29.3%的中小企业自主创新周期在一个月以下，而日本大企业仅有1%能达到相同水平；从研究开发经费支出的回报来看，欧盟的中小企业是大企业的3.5倍；从技术创新的成功率来看，日本有8.4%的中小企业技术创新成功率在70%~100%，而达到相同技术创新成功率的大企业仅占大企业数的2.6%①。

3. 中小企业自主创新能力的衡量

中小企业自主创新能力体现在多个方面，需要从多方面构建中小企业自主创新能力综合评价指标体系加以衡量：第一，中小企业在自主创新中技术创新资源的投入程度，如研发经费、研发时间的投入量等。第二，中小企业自主创新产出能力，如中小企业申请专利数量占同期全国企业专利申请总数量的比例、中小企业拥有发明专利的数量占同期全国企业拥有的发明专利总数量比重等。第三，中小企业的潜在创新能力，如中小企业中研发人员的数量、中小企业自主创新资源拥有能力、中小企业所在地的科研院所的数量和质量等。第四，中小企业自主创新环境质量，如中小企业自主创新的公共政策体系、金融与科技服务机构、中小企业所在地的信息化水平与市场完善程度等。

二、中小企业自主创新成长

(一) 中小企业自主创新成长的定义

中小企业自主创新成长是指中小企业在自主创新驱动下实现可持续成长，即在中小企业在其自主创新成长环境中，集聚中小企业内外自主创新资源，联结其他中小企业自主创新的相关主体，构建中小企业创新网络，

---

① 陈芹. 突破桎梏——中小企业自主创新的理论、策略与实践 [M]. 成都：西南财经大学出版社，2021.

并通过中小企业创新网络优化产生的自主创新溢出效应，形成中小企业成长的动力，促进中小企业可持续成长。

（二）中小企业自主创新成长过程

中小企业自主创新成长是一个多环节过程，主要包括：第一，中小企业自主创新成长的基础环节。在该环节上，中小企业集聚中小企业内外自主创新成长的要素（包括中小企业内外自主创新直接要素和间接要素）和自主创新成长相关主体（包括中小企业自主创新成长直接相关和间接相关主体），构成中小企业自主创新成长的环境，由于中小企业内外自主创新成长要素种类众多。第二，中小企业自主创新成长的组织形成环节。在该环节上，以中小企业为核心，将中小企业自主创新成长环境中与中小企业自主创新成长直接相关的内外要素集聚，搭载于中小企业自主创新直接相关主体上，构建多层次和多维度的中小企业创新网络。第三，中小企业自主创新成长的动力形成环节。在该环节上，中小企业在自组织和他组织的合力推动下，积极主动地优化中小企业创新网络，开展协同创新，并将创新成果商业化，不断提高自身的竞争力水平，产生协同创新溢出效应，形成中小企业自主创新成长动力，推动中小企业实现量变与质变，实现可持续自主创新成长，确保中小企业持久的生命力。中小企业自主创新成长过程如图3-1所示。

需要指出的是：第一，中小企业自主创新的"自主"是指中小企业因地制宜和积极主动地利用一切可行的条件开展创新，是强调中小企业在创新中的积极性和能动性，不是强调中小企业关起门来搞封闭创新。第二，人们在对中小企业创新研究中发现中小企业自主创新不限于中小企业技术研发。除了技术研发创新外，中小企业自主创新还包括制度、经济、社会、自然环境等方面的创新。第三，中小企业自主创新活动有多种方式，除了正式的中小企业研发性自主创新活动之外，还包括非研发性的中小企业自主创新，如中小企业购买符合自身成长需要的技术和专利、中小企业对引进技术的改良、中小企业新市场开拓等。对于研发基础薄弱、自主创新能力较低的传统中小企业来说，非研发性自主创新具有成本低和

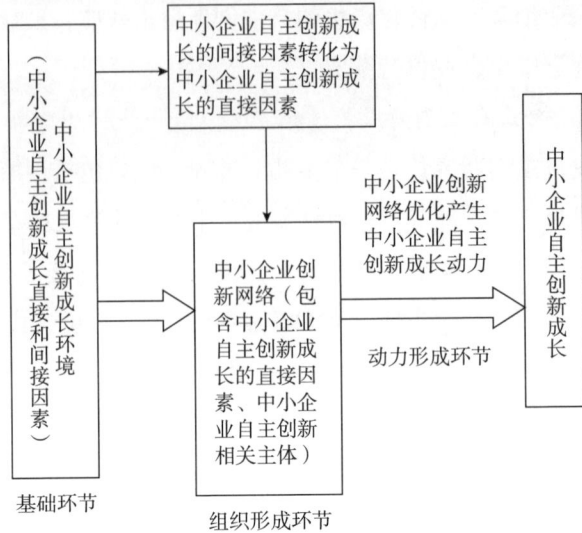

图 3-1　中小企业自主创新成长过程

见效快的优势，能更好地反映中小企业自主创新成长规律。

第四节　中小企业自主创新成长要素

　　根据调查结果以及文献研究，企业自主创新的影响因素大致可以归纳为以下几个方面：多渠道来源的企业创新资金（主要包括企业自筹、企业直接或间接融资、政府财政专项扶持等渠道）；多方面的企业创新人员（如研发人员、研发团队、企业中的创新管理层等）；多种企业创新风险损失（包括创新过程中产生的各种系统性和非系统性风险造成的各类损失）；与企业创新有关的企业管理制度（企业公司治理结构以及创新激励制度等）；企业所处的市场环境（如产品和要素市场体系、市场竞争状态、行业规范程度等）；企业创新文化（如企业创新氛围、产学研体系建设等）；企业创新的政策支持（如政府支持企业自主创新的政策法规体系、知识产权法律的制定和实施等）。由于中小企业规模小，管理相对粗放，行业分布广泛，种类多，自主创新状态各异，自主创新水平参差不齐，因此，中小企业自主创新成长要素与大企业的自主创新成长要素并不完全相同，在分类、来源和作用机制等方面更为复杂。综合来看，中小企业自主创新成长要素大致包括中小企业自主创新成长的内部要素和中小企业自主创新成长的外部要素两大类：

一、中小企业自主创新成长内部要素

中小企业自主创新成长的内部要素主要包括中小企业在自主创新方面的研发（R&D）投入、中小企业自创新的人力资本投入、中小企业的企业家精神发挥程度和中小企业自主创新文化建设等，其中，中小企业 R&D 投入直接影响到中小企业自主创新成长的可行性和有效性；中小企业自主创新的人力资本投入关系到中小企业的创新是否能真正体现出"自主创新"所强调的主观能动性；中小企业的企业家精神发挥程度直接关系到中小企业是否能选准自主创新的重点，制定并有效执行自主创新成长战略，确保中小企业自主创新成长的可持续性；中小企业自主创新文化氛围对中小企业自主创新成长的各项工作有潜移默化的促进作用。

（一）中小企业的企业家精神

中小企业规模小，管理层级少，企业家对中小企业的影响更为具体和直接。中小企业企业家以及中小企业高层管理人员是中小企业自主创新的决策者和主要执行者，其才能、创新意识、创新思想、对创新活动的重视程度都对中小企业是否愿意开展自主创新以及如何开展自主创新都有重要影响。中小企业家起到自主创新倡导和组织的作用，企业家精神是中小企业自主创新的灵魂，在创新、进取心以及风险承担三个方面起到推动中小企业，尤其是科技型中小企业技术创新的重要作用，企业家精神越强，中小企业自主创新就越积极①。企业家精神是中小企业开展自主创新非常重要的内在动力，起到决定性的作用②。因此，需要建立适当的激励制度，激励企业管理者、研发人员等创新人员对中小企业自主创新的直接推动作用③。

（二）中小企业在自主创新方面的研发（R&D）投入

企业自主创新的研发（R&D）投入水平对促进中小企业成长有积极的作用④。R&D 投入不足是制约中小企业自主创新能力的一个关键因素。企业要想获得长远的发展，必须在量的增加和质的提升方面重视中小企业R&D 投入⑤。R&D 投入与中小企业专利数量之间呈现一种稳定并且显著的正向关系，中小企业在自主创新方面的研发投入强度越大，发明专利的产出就越多，但是到了一定程度，中小企业的自主创新研发投入和发明专利产出之间会呈现出反向关系，即中小企业自主创新的研发投入强度与中小企业自主创新之间存在着倒 U 形关系。进一步分析发现，中国中小企业自主创新目前仍处于倒 U 形的上升阶段，所以要不断强化对中小企业自主创新的研发投入⑥。处于成熟期行业的中小企业，也要不断地增加R&D 投入才能提高自主研发能力⑦。政府研发补贴对中小企业自主创新有积极作用，对非国有企业、高新技术和低市场化程度地区的科技型中小企

---

①　粟进，宋正刚．科技型中小企业技术创新的关键驱动因素研究——基于京津 4 家企业的一项探索性分析［J］．科学性与科学技术管理，2014，35（05）：156-163.

②　施放，缪珊珊．浙江省中小企业创新驱动系统构架［J］．经济论坛，2013（02）：35-38.

③　穆瑞，肖胜权．中小企业创新能力影响因素模型研究［J］．科技管理研究，2019（06）：11-16.

④　张凤海，侯铁珊，欧珊，李晓红．技术创新与中小企业生命力关系实证研究［J］．科技进步与对策，2013，30（03）：78-81.

⑤　周高仪，陆静．河北省科技型中小企业自主创新能力的提升［J］．学术论坛，2014（03）：72-75.

⑥　林洲钰，林汉川．产业环境、自主创新与中小企业成长的政策工具［J］．改革，2012（09）：43-52.

⑦　赵驰，周勤．中国奇迹还是小富即安？——兼论中国隐形冠军企业成长［J］．产业经济研究，2013（03）：55-63.

业的激励效应更为明显①。可见，R&D 投入水平是中小企业的自主创新成长能力形成的重要物质基础，发挥着最直接和最关键的作用。

（三）中小企业人力资本投入水平

研发能力是实现持续技术创新的保证，研发能力越强，就越有助于驱动科技型中小企业实施技术创新，而研发能力来自拥有一定数量的技术研发人员组成的研发团队②，高素质人才队伍是中小企业实现自主创新成长的重要保障。提高科研人员比例能提高中小企业的创新产出，但目前这种影响力还比较小，还没有充分发挥科研人员对提高中小企业自主创新产出应有的作用③。中小企业有必要增加培训机会和通过相应的制度安排，提高中小企业知识吸收能力，从而促进企业创新绩效的提高④。制定和实施适当的员工激励政策也会促进创新能力的提高⑤，例如有研究发现实施股权激励计划能够显著增加企业研发投入数量与创新产出数量和质量；相较于高管，核心技术员工股权激励强度越大，核心技术员工研发创新的积极性就越高，相应地，企业创新数量就越多，企业创新质量就越高⑥。

（四）中小企业自主创新文化

中小企业自主创新文化是中小企业对自主创新的价值观的表现，通过中小企业人力资源管理、生产经营积极性、中小企业自主创新氛围、中小企业自主创新意识等方面表现出来。企业文化与人力资源管理关系密切，中小企业可以通过塑造适合自身的企业文化来提高人力资源管理绩效，保

---

①　吴金光，毛军，唐畅.政府研发补贴是否激励了科技型中小企业创新？[J].中国软科学，2022（09）：184-192.

②　粟进，宋正刚.科技型中小企业技术创新的关键驱动因素研究——基于京津 4 家企业的一项探索性分析 [J].科学性与科学技术管理，2014，35（05）：156-163.

③　赵娜，张晓峒，杨坤佳.我国中小企业技术创新行为的实证研究 [J].中国科技论坛，2014（05）：74-78+85.

④　张德茗，李艳.科技型中小企业潜在知识吸收能力和实现知识吸收能力与企业创新绩效的关系研究 [J].研究与发展管理，2011，23（03）：56-67+78.

⑤　许爱顺，罗鄂湘.人力资本、薪酬激励和中小企业创新能力的关系研究 [J].科技与管理，2012，14（06）：112-117.

⑥　陈云桥，李杰，郝晗.员工股权激励对中小企业创新会产生补充的促进效应吗？[J].技术经济，2022，41（09）：72-82.

持企业竞争优势①。持续创新是企业成长的关键，中小企业应该塑造和培育有利于知识转移的企业文化环境，通过先进的企业文化鼓励员工互学互助，形成探索创新的良好习惯②。因此，中小企业创新文化是中小企业创新动力的源泉，对中小企业自主创新起着强有力的推动作用，应积极营造中小企业自主创新文化氛围，多渠道培养中小企业自主创新文化，将中小企业自主创新压力转化为中小企业自主创新的动力③。

二、中小企业自主创新成长外部要素

中小企业自主创新成长除了内部要素外，还有中小企业自主创新成长的外部要素，主要包括中小企业自主创新评价机制以及网络化组织的影响等。

（一）中小企业自主创新评价机制

中小企业自主创新评价机制关系到中小企业自主创新绩效能否得到客观、科学和全面的评价，对促进中小企业保持自主创新成长的可持续性具有极其重要的作用。姜慧和曾群超在综合研究和分析国内外各类创新指数构建和创新评价实践的基础上，结合中小企业自主创新的特点和所处区域的实际，设计出一套区域中小企业创新指数指标体系，主要包括中小企业自主创新能力、中小自主创新基础和自主创新绩效④。高丹丹和马宗国根据国内外文献，结合中国的实际情况，将中小企业自主创新能力的影响因素分为四大类指标，分别为研发投入因子、人力资源因子、企业收益因子和环境影响因子，各大类指标下面包含有一系列二级指标，构建了中小企

① 梅强，孙旭雅. 企业文化提升中小企业人力资源管理绩效的路径分析 [J]. 科技管理研究，2010（15）：125-128.

② 吴愿愿，纪晓丽. 知识特性、知识转移对中小企业创新绩效影响实证研究 [J]. 商业时代，2013（27）：90-93.

③ 姜霄. 提升河南省中小企业自主创新能力的对策 [J]. 企业经济，2013（02）：94-97.

④ 姜慧，曾群超. 区域中小企业创新指数体系构建研究 [J]. 科技管理研究，2014（13）：35-41.

业自主创新能力评价指标体系和评价模型①。

（二）中小企业网络化程度

在信息化不断发展的今天，世界联系不断紧密，中小企业的网络化程度已经成为企业创新活动中不可忽略的重要因素之一。树立网络关系意识、选择适合的网络关系类型等是提高中小企业自主创新能力的关键②。以中小企业为核心，通过政府部门的宏观调控，企业之间的资源互补，高等院校、科研机构的协助研发，目标用户的评价反馈，以及其他服务机构来实现不同主体之间的优势互补和资源共享，构建起保障中小企业政产学研用相结合的资源网络平台，有利于实现全面协同自主创新③。有研究从复杂网络理论出发，分析中国中小企业集群协同创新存在的主要问题，提出了提升中小企业集群协同创新能力的策略，包括构建中小企业集群"独联体"式协同创新小世界网络、创立中小企业集群网络融资的"蜂窝煤"模式、推动集群从传统资源要素竞争向技术、信息、人才、合作等新资源要素竞争转型、重点培植中小企业集群创新核心网络层中的"龙头企业"等措施④。汤林伟认为中小企业通过外部网络获取自主创新所需要的知识，经过中小企业内部网络的一系列加工和整合，转化为提高中小企业自主创新能力的动力⑤。李柏洲等以实证分析论证了中小企业合作态度，主观规范，知觉行为控制通过合作创新意愿的完全中介作用所形成的网络组织对中小企业的合作创新能够产生积极的作用⑥。

———————

① 高丹丹，马宗国．我国中小企业自主创新能力评价及提升对策研究——基于中小板上市公司的实证分析［J］．科技管理研究，2016（06）：67-74.

② 孙中博，张秀娥．提升东北地区中小企业创新能力的对策［J］．经济纵横，2012（12）：62-64.

③ 杜兰英，陈鑫．政产学研用协同创新机理与模式研究——以中小企业为例［J］．科技进步与对策，2012，29（22）：103-107.

④ 范如国．基于复杂网络理论的中小企业集群协同创新研究［J］．商业经济与管理，2014（03）：61-69.

⑤ 汤林伟．基于外部网络知识获取的中小企业内生能力提升研究［J］．理论与改革，2013（01）：107-109.

⑥ 李柏洲，徐广玉，苏屹．中小企业合作创新行为形成机理研究——基于计划行为理论的解释架构［J］．科学学研究，2014，32（05）：777-786+697.

（三）中小企业知识产权保护制度

知识产权保护制度通过对中小企业创新成果进行法律保护，有利于调动和保护中小企业自主创新的积极性和主动性。研究表明推进中小企业技术创新一个关键点是要重视对中小企业知识产权的保护，这能为中小企业的技术创新提供良好的外围保障，维护中小企业自身的核心竞争力，减少中小企业自主创新过程中的不确定性，鼓励中小企业提高对自主创新的投入意愿和力度[1]。因此，制定并严格执行中小企业知识产权保护制度可以转变以往中小企业在技术创新投入方面积极性不高的局面，促进中小企业加大创新研发力度，推动中小企业自主创新[2]。

（四）政府对中小企业自主创新成长的相关支持政策

中小企业具有先天的弱质性，其自主创新成长离不开政府多方面的有力支持。随着研究的深入，人们发现不仅是政府的职务权力运用（包括奖励制度和优化政策等）会促使政府与中小企业友好关系的建立，政府的个人权利运用（包括政府机构的专业素质、个人特质、个人魅力等）也会对政府与企业的关系有促进作用，并且会提升中小企业的创新绩效[3]。在中小企业自主创新过程中，政府给予中小企业税收优惠和研发资金支持，会大大地调动中小企业自主创新的积极性[4]。政府合理的经济政策，特别是财政、税收、金融政策、自主创新的扶持政策，以及政府服务效率的提高等对中小企业自主创新绩效的改善具有积极的推动作用[5]。

（五）社会中介服务体系

政府对中小企业的政策支持和资金投入要通过多元化的中介技术服务

---

[1] 杨建武，李黎力. 我国中小企业技术创新的动因、掣肘和对策——基于同地方政府的博弈分析 [J]. 经济问题探索，2014（04）：180-185.

[2] 郭蓉，余宇新. 中小企业创新投入的技术体制地区差异性研究——以我国制造业中小企业的调研数据为例 [J]. 科学学与科学技术管理，2011，32（06）：65-71.

[3] 龙静，刘海建. 政府机构的权力运用方式对中小企业创新绩效的影响——基于企业与政府关系的视角 [J]. 科学学与科学技术管理，2012，33（05）：96-104.

[4] 粟进，宋正刚. 科技型中小企业技术创新的关键驱动因素研究——基于京津4家企业的一项探索性分析 [J]. 科学性与科学技术管理，2014，35（05）：156-163.

[5] 刘茜，梅强. 创新行为嵌入性对中小企业创新绩效的影响——概念模型与解释 [J]. 科技进步与对策，2013，30（13）：87-91.

体系才能有效传导至企业，社会服务性中介在中小企业自主创新过程中起着连接的作用。有研究综合运用组织行为理论和创新理论发现，不论是依赖个人权力还是依赖职务权力，都会加强服务性中介机构与中小企业之间的关系，从而提高中小企业的自主创新绩效。因此，服务性中介机构是通过适当运用不同的权力资源，采用不同的权利方式来推动中小企业提高自身的自主创新能力和水平[①]。

综上所述，中小企业自主创新成长要素可归纳如表3-1所示。

表3-1　中小企业自主创新成长要素

中小企业自主创新成长内部要素	中小企业自主创新成长外部要素
①企业家精神；②中小企业研发（R&D）投入；③中小企业人力资本投入；④中小企业自主创新文化	①中小企业自主创新评价机制；②中小企业网络化程度；③中小企业知识产权保护制度；④政府相关扶持政策；⑤社会中介服务体系

第五节　中小企业创新网络

Freeman指出，创新网络（Innovation Networks）是创造新产品或者新流程，彻底改变现有价值链的商业网络[②]。中小企业如果只依靠其内部信息与知识进行创新活动，是不能够适应快速变化的市场的，不能够获得创新效益的，会降低中小企业竞争力，中小企业需要从其内外部多条途径获得开展自主创新所需资源，并与中小企业创新相关主体进行协同整合，才

---

① 龙静，陈传明. 服务性中介的权力依赖对中小企业创新的影响：基于社会网络的视角[J]. 科研管理，2013，34（05）：56-63.

② Freeman C. Networks of Innovators：A Synthesis of Research Issues [J]. Research Policy，1991（20）：499-514.

能有效开展自主创新，实现中小企业自主创新成长①。

一、中小企业创新网络的概念

中小企业创新网络是在中小企业自主创新成长环境内，在政府政策推动和市场竞争拉动的作用下，中小企业与其他相关企业、政府部门和各类机构等中小企业创新利益相关主体联结而形成的复杂网络组织。中小企业通过中小企业创新网络的不断优化，政产学研一体化协同整合，开展自主创新活动，产生自主创新溢出效应，形成中小企业自主创新成长的动力。中小企业创新网络是以中小企业为核心的多个创新利益共同体在经济、技术、社会、制度、自然生态等多维度上形成的、政产学研用一体化的复合网络，覆盖了中小企业自主创新过程所包括的从知识到技术，从技术到经济的整个过程和各个环节。

二、中小企业创新网络特点

（一）中小企业创新网络具有日益扩大的开放性

开放式创新是一种创新模式，是指企业在创新中通过形成创新网络，突破企业边界的局限，将企业内部和外部创新要素有机地结合为统一的系统，充分协调企业内外部创新资源，并且综合利用企业内外部的市场渠道来为创新活动服务，不断产生创新成果。中小企业自身规模小，内部分工协作体系薄弱，独立开展创新活动的能力欠缺，只能通过中小企业内外协同，才能弥补自身规模小和自主创新能力弱的不足，有效开展自主创新。自改革开放以来，随着市场日益开放和市场体系不断完善，中小企业创新网络的开放度不断加强，中小企业自主创新成长环境中，中小企业自主创新成长间接要素转化为直接要素的数量和质量不断增加和提高，使得中小企业创新网络的规模和质量明显改善，中小企业自主创新日益活跃。

---

① 王大洲. 企业创新网络的进化与治理：一个文献综述 [J]. 科研管理，2001，22（05）：96-102.

（二）中小企业创新网络具有鲜明的异质性

中小企业种类多样，行业分布广泛，自主创新水平参差不齐，中小企业创新网络有鲜明的异质性特征：第一，从中小企业创新网络的核心中小企业来看，既有位于产业链、价值链和创新链低端的传统中小企业，进行的是利用式自主创新，也有位于产业链、价值链、创新链高端位置的科技型中小企业，处于技术创新前沿，进行的是探索式自主创新。第二，从中小企业自主创新过程来看，中小企业自主创新不同阶段的密保不同，导致中小企业创新网络的结构特征和运行机制各不相同，在各环节上分别呈现出知识型、技术型和经济型的中小企业创新网络状态。第三，从中小企业创新网络生成方式来看，既有基于地域根植性，依靠正式和非正式契约关系维系的、整体质量相对较低的传统中小企业创新网络，其结构较为松散；也有位于高新科技园区内，依靠政府政策推动和打造而成的科技型中小企业创新网络。科技型中小企业创新网络整体质量相对较高，组织化程度高，与大企业创新网络差距不大。

（三）中小企业创新网络低效性

中小企业创新网络创新低效性主要表现为：第一，从整体来看，中小企业创新网络的核心中小企业（群）结网能力不强，缺乏有效的联结机制，造成中小企业创新网络结构松散，组织化程度低，协同关系不明显。第二，中小企业尤其是资源型中小企业和传统产业中的中小企业，在传统生产方式下，对自然环境带来的更多是负面影响，与所处的自然生态环境之间存在不同程度的断裂现象，而进入高质量发展阶段后，在日益严格的环评规则下，这类中小企业创新网络的构建和运行成本不断增加，甚至无法建立起真正意义上的中小企业创新网络。第三，中小企业创新以非正式自主创新为主，多为非技术性创新，因此，在中小企业创新网络中，正式自主创新与技术研发行为，如专业化分工、品牌声誉营造和规范的创新网络协作等较为少见。按照现行的以正式自主创新为主的企业自主创新绩效评价标准，中小企业自创新网络的自主创新绩效普遍不高，与现代意义上的创新网络还有相当大的差距。第四，中小企业创新网络治理精准性和有效性不足。一方面，由于市场体系尤其是创新要素市场体系建设还不完善，中小企业创新网络治理的市场拉动不理想；另一方面，尽管出台了不少支持中小企业创新网络治理的公共政策，但这些政策的制定多为以中小企业创新结果为导向，未能深入中小企业自主创新过程，缺乏统筹考虑创新过程不同阶段、不同环节对中小企业创新网络治理公共政策的需要，因此，中小企业自主创新的公共政策的政策制定与政策落地之间有较大的错位，中小企业自主创新公共政策推动中小企业创新网络治理的未达到预期效果。

综上所述，中小企业自主创新成长是新形势下中小企业提高竞争力，实现可持续成长的需要。中小企业自主创新成长理论涉及中小企业理论、企业创新理论、自主创新理论、中小企业自主创新理论、中小企业自主创新成长要素理论、中小企业创新网络理论等，这些理论内容丰富，彼此之间关系密切，形成了深厚的中小企业自主创新成长理论基础，是研究中小企业自主创新成长的理论依据和促进中小企业自主创新成长实践的理论指导。中小企业创新网络是中小企业开展自主创新的组织形式，包含来自中小企业内部和外部的，分布在宏观、中观和微观不同层次上的众多的中小企业自主创新相关主体和中小企业自主创新要素，组织结构和运行机制复杂。传统的简单线性分析理论和分析方法在研究中小企业创新网络复杂结构、分析中小企业创新网络各要素在运行中的复杂关系等方面显得力不从心，需要以新思路、新理论和新方法对传统的线性分析思路、理论和方法进行创新，推动中小企业自主创新成长研究的科学性、系统性、规范性，才能全面和深刻揭示中小企业自主创新成长中存在的主要困难和障碍，从而才能针对这些困难和障碍有的放矢地提出促进中小企业自主创新成长的对策和建议，促进中小企业自主创新成长。

第四章 中小企业自主创新成长研究的创新：生物学类比

生物学理论，尤其是生物学理论中的生态学理论，在分析生物多样性和生态复杂性等问题时得心应手、游刃有余。生物学类比法是将研究具有动态性和复杂性特征的研究对象类比为生物体，参照达尔文生物进化论思想，运用擅长分析复杂结构和复杂问题的生物学的相关理论和方法进行类比研究，既能发挥生物学理论的研究特长，又能使研究具有形象性。从中小企业自主创新成长的相关研究回顾、中小企业自主创新成长理论基础构建来看，中小企业自主创新成长问题的理论性和实践性都很强，涉及的自主创新利益相关主体、自主创新成长因素、自主创新环节等众多，加上中小企业自主创新成长本身就具有"成长"这一生物行为特征，是典型的复杂性和动态性问题。因此，可以发挥生物学理论的优势，通过生物学类比的运用，在中小企业自主创新成长的理论研究与实践探索方面进行创新。

第一节 生物学类比对企业成长研究的主要贡献[①]

企业成长的生物学类比（Biological Analogy）是指把企业视为由人设

---

① 覃巍. 企业成长理论中的生物学类比研究回顾与展望［J］. 外国经济与管理，2012，34（09）：7-14.

计、组建和管理的，具有生物性、智能性和人格化的物质转化系统，能够以类似生命演化的方式进行创新、生产和经营等活动，生物学类比对企业成长研究的主要贡献体现在生物学类比对企业成长理论、企业结构理论、企业创新理论、企业创新网络理论、企业成长战略等理论的进一步完善上。

生态系统中存在多个生物物种，分布在生态系统的不同层次上，彼此之间具有竞争与合作关系，划分成不同的生态系统功能群，形成了多样性、多层次的食物链关系。企业在许多方面与生物体类似，比如企业具有内部组织结构、企业的生产和运营有一定的组织方式；企业的生产和经营离不开由经济、社会、自然等构成的企业成长环境；企业的运行受到企业管理者、员工的控制和影响；企业管理者、员工等能对企业的行为进行能动性的改变或修正，具有"智慧性"；企业在其成长过程中要考虑与其他形形色色的经济、政治组织的关系。这些为企业成长研究运用生物学类比提供了充足的理由。由此可以借用包括生物进化论在内的关于不同生物物种通过竞争和选择实现物种进化的生物学相关理论，来拟合、分析和预测企业如何在不同的生存环境中通过相互合作和竞争，选择和利用关键的生存要素来实现可持续成长。随着企业成长理论研究的不断深入以及研究工具的不断开发与完善，生物学类比在企业成长理论研究中发挥了越来越重要的作用。生物学类比对企业成长研究的主要贡献体现在生物学类比对企业成长理论、企业结构理论、企业创新理论、企业创新网络理论、企业成长战略等理论的进一步完善上。

一、生物学类比对企业成长理论创新的贡献

传统的企业成长理论认为企业内部各组成部分之间是由上而下的科层结构关系。企业成长空间内的企业与企业之间、企业与政府及相关机构之间，企业与企业成长环境内的政治、社会、自然等各主要子环境之间的关系是单向的线性关系，企业成长的内部和外部空间是固化的，机械系统类比是研究企业成长的内部和外部空间的传统范式。在传统研究范式下，企业成长理论从企业内部或外部不同视角，从固化的企业成长空间中筛选出

企业成长的关键因素，分析这些关键因素与企业成长之间的因果关系，据此归纳出企业成长的逻辑机理，形成企业成长机制，描绘企业成长路径。因此，传统的企业成长理论是一种线性企业成长理论，研究方法为机械类比方法，并未考虑企业内外部复杂结构和关系对企业成长的影响，没有打开企业和企业成长环境的"黑箱"，对企业成长过程的研究较为薄弱。自20世纪以来，传统的企业成长理论越来越无力应对越来越呈现出动态性和不确定性的企业成长的环境，表现为无法对企业成长环境内的复杂结构以及相互反馈的复杂、非线性关系进行有效分析，无法对企业成长环境形成的企业创新网络进行深入研究，也无法在纠正企业成长中出现的道德风险、企业短期行为、企业间的恶性竞争等负面作用提供有效的理论指导，这些都表明需要与时俱进对传统的企业成长论进行创新，以新的理论和方法来对企业成长进行研究。

越来越多的事实表明，企业成长空间是由众多非线性复杂因素搭载于不同的企业成长相关主体上构成的复合网络系统，企业成长过程就是反映企业成长的复合网络系统在结构上不断优化和演进形成企业成长动力，促进企业发生量变和质变的过程。于是，企业成长理论研究由线性视角演进到结构视角，通过不同经济系统的结构变化来研究包括企业成长在内的经济演化，已成为理论共识①。演化经济学包括了如制度经济学、新奥地利学派、新凯恩斯主义、新熊彼特主义、新古典经济学等诸多经济学理论流派。与众多经济学流派相比，新古典经济理论由于比较系统地解释了现实世界，在经济思想领域仍然居于主导地位。基于新古典经济学发展起来的许多实证研究方法，包括因果分析模型、结构方程和可计算一般均衡模型等，更加巩固可新古典经济学的主流经济学地位，同时也强化了新古典经济学在演化经济学研究中的基础理论地位。在新古典经济学理论中，竞争居于重要地位。新古典经济学对竞争的拟合和研究随着博弈论、遗传算法

---

① Foster J. The Analytical Foundations of Evolutionary Economics：From Biological Analogy to Economic Self-organization ［J］. Structural Change and Economic Dynamics，1997，8（01）：427-451.

和人工生命模拟法等的不断完善来更加接近现实，而生物进化论则认为进化是通过竞争来实现的，合作和竞争也是生物进化论的核心内容。因此，生物学类比方法被引入以合作竞争实现企业成长的研究顺理成章。

人们在经济运行中发现经济系统和生物系统有许多类似之处，于是运用生物学的遗传、变异"创新"、选择等思想、理念和方法，从动态性和复杂性等方面来解释经济演化现象，把企业与生命体进行多方面拟合，如企业和生命体都是开放、自组织、分层有序的有机体，两者都具有主动适应环境的能力，都有生命周期，都能够通过相互协作与学习等渠道来适应所处环境的变化，通过互惠共生来实现自身的成长。通过生物学类比，企业被视为生存在由自然、人口、政治、经济、技术、社会文化、其他相关企业、供应商、各类中介机构、顾客、相关竞争企业等组成的企业成长环境之中，企业只有适应自己的生存环境，通过形成有效的创新网络，开展协同创新，不断提高竞争力，才能实现企业的可持续成长。

二、生物学类比对企业成长战略理论创新的贡献

企业成长战略包括经济、社会、生态和历史文化等方面的内容，也包括企业的公众形象、企业的社会责任等内容，同样具有动态性、复杂性和持续性等特征，是一种复合战略体系。Burgelman 运用生物学类比和组织理论形成的组织生态学（Organizational Ecology），以英特尔公司企业成长战略的演变为例，阐述了企业成长战略决策问题，并探讨如何从内部选择和外部选择相结合的视角来形成以企业生存和发展为企业成长目标的企业成长战略①。Moore 在其影响深远的《竞争的衰亡——商业生态系统时代的领导与战略》（*The Death of Competition*：*Leadership and Strategy in the Age of Business Ecosystems*）一书中，详细论证了生物的合作行为对企业成长战略的启示意义，并且从全新的视角对人类社会中的商业系统和自然界

---

① Burgelman R. A. Intra-organizational Ecology of Strategy Making and Organizational Adaptation：Theory and Field Research［J］. Organization Science，1991，2（03）：239-262.

中的生态系统进行了全面拟合，形成了"商业生态系统"概念。他认为，人类社会中的商业系统的各组成部分之间类似于自然界的生态系统中的不同物种，彼此之间既有竞争也有合作的关系，即存在合作、共生和合作竞争，而且合作竞争占优势地位，这些关系使得商业系统自身的结构变得更加有序，更能够协调发展，达到一种稳定均衡状态，最终赢得系统的整体竞争优势，商业系统可以"生态化"，视为"商业生态系统"这一新的组织形式，在此基础上，Moore还提出了在商业生态系统的不同阶段上，基于共同进化模式的企业成长战略①。

有学者对微软、沃尔玛等世界知名企业的成长生态战略及其实践进行了系统研究，得出了如下结论：第一，企业无法仅靠一己之力来有效实施企业成长战略，而是应该像自然界的生态系统中的每个生物种类一样，只有依靠企业所处的商业生态系统网络才能将企业成长战略落地。沃尔玛和微软的许多企业就意识到这一点，它们在制定和执行企业生态成长战略时，不但将促进自身利益增加作为企业成长战略的重要目标，而且还将企业所属的商业生态系统的整体利益的提升融入企业的成长战略之中。第二，设计和构建企业商业生态系统时，不应当只局限在该企业内部，还要考虑将该企业的配套企业、为该企业提供金融支持的相关机构、为该企业提供技术支持的企业、承担该企业零配件生产的企业，甚至是竞争对手和消费者、管制机构等都纳入企业生态系统范畴。企业应该因地制宜开展商业生态系统的构建工作，在构建中根据企业成长的实际需要来界定企业商业生态系统的范畴，并且按照促进企业成长的不同功能来划定出不同的企业商业生态系统。第三，企业商业生态系统的健康状况的评价可借用自然界生态系统健康状况的评价标准，包括企业商业生态系统的生产率（Productivity）、稳健性（Robustness）、生态位创造（Niche Creation）三方面内容。第四，企业商业生态系统中的核心企业在商业生态系统的价值形成

---

① Moore J. F. The Death of Competition：Leadership and Strategy in the Age of Business Ecosystems ［M］. Nueva York，EUA：Harper Collins，1997.

过程中发挥以下两方面的关键的作用：一是为企业商业生态系统中的其他成员提供具有服务功能、技术功能的支持平台；二是组织所处企业商业生态系统全体成员形成价值共创机制，并实现价值共创。第五，企业商业生态系统中存在许多生态位构成的小生境，这些小生境对企业成长具有重要的作用，许多企业成长生态战略是围绕企业商业生态系统中的小生境而制定的①。

三、生物学类比对企业成长空间理论创新的贡献

（一）企业生态位对企业成长空间的描绘

企业成长空间由企业成长的宏观环境和企业成长的微观环境构成，包括企业所处的社会、经济和自然等子环境，是多层次和多维度的复合系统。生态位（Niche）是生态学中的一个重要概念，主要是指生物个体或生物种群在自然生态系统中所占据的时空范围，以不同个体或种群在生态系统中相同的时空范围内的关系。在生物学类比下，根据企业在其商业生态系统中所占据的时空范围以及彼此之间的关系，形成了企业个体生态位和企业集群生态位的概念和内涵②。

根据企业个体生态位和企业集群生态位两条研究主线，许多学者对企业生态位及其属性进行了研究，并且形成了一些重要观点。首先，企业生态位是由环境资源决定的多维空间，分布在商业生态系统的不同层次和不同维度上。其次，企业的生存发展即是企业对企业商业生态系统中不同企业生态位的适应与能动影响过程。最后，企业生态位体现了企业资源需求能力和生产能力的交集，处于不断变化之中。

（二）企业生态位理论对企业成长空间内竞争与合作关系的研究

在商业生态系统里，处于同一企业生态位上的不同企业，根据自己所

---

① Iansiti M., et al. Strategy as Ecology [J]. Havard Business Review, 2004, 82 (03): 68-78+126.

② Hannan M. T., et al. Organizational Ecology [M]. Cambridge, MA: Harvard University Press, 1989.

占据的生态位的能力来确立彼此之间的竞争与合作关系的。企业在成长空间内的竞争与合作程度可以通过测度同一企业生态位上不同企业占据的企业生态位大小来加以分析。企业生态位的测度常用的衡量指标是企业生态位宽度（Enterprise Niche Breadth）和企业生态位重叠（Enterprise Niche Overlap）。有研究表明，同一组织生态位上的组织之间的竞争潜力与它们所占据的企业生态位的重叠程度成正相关关系[1]。推广到企业，如果企业占据的企业生态位狭窄，就表明企业的竞争能力不高；如果企业能占据较宽的企业生态位，企业就能够充分利用所处企业生态位上的各类企业成长资源，企业就能形成很强的竞争力，其成长的质量就较好。当然，如果一个企业占据的企业生态位宽度较大时，由于企业生态位上的资源是有限的，因此往往很可能会与同一企业生态位上的其他企业发生企业生态位重叠，从而会发生激烈竞争[2]。一般认为，企业之间的竞争程度与不同企业生态位间重叠程度有关，企业生态位重叠程度决定了企业之间的竞争程度。如果能对同一企业生态位上的不同企业进行企业生态位分离，那么就能避免企业之间的对抗性竞争，实现协同共生，即企业间可以由对抗性竞争转变成合作竞争甚至是互惠竞争，实现价值共创和共享。

第二节　生物学类比研究对企业成长
理论深化发展的贡献

随着企业成长理论研究的不断深入，研究工具的不断开发与完善，包括自组织理论在内的关于企业成长理论研究的新的类比法不断涌现，关于

---

① Baum, et al. Organizational Niche and the Dynamics Organizational Founding [J]. Organization Science, 1994, 5 (04): 11-26.

② Dobrev S. D., et al. Dynamics of Niche Width and Resource Partitioning [J]. American Journal of Sociology, 2001, 106 (05): 1299-1337.

生物学类比能否对企业成长理论进一步发展继续做出贡献这个问题，学者们产生了不同看法。主要有两种不同的观点，可以分别称为"生物学类比贡献有限论"和"生物学类比持续贡献论"。生物学类比贡献有限论认为生物学类比仅仅是一种文学修辞手法，不能进一步研究企业成长问题。生物学类比持续贡献论认为经济学中在对抗性竞争和合作性竞争，自然界生物之间除了对立竞争之外，也存在创造性和合作性关系，因此，生物学类比在企业成长的研究中仍大有可为，并且能和日渐兴起的自组织理论很好地融合。

一、生物学类比对企业成长理论深化发展贡献有限论

生物学类比对企业成长理论深化发展贡献有限的观点主要表现在以下四个方面：首先，生物的选择是出于本能，而企业的选择是出于带有主观色彩的意向（Intentionality），两者有很大的差异。生物学类比没有考虑生物本能和人的意志之间的差异。其次，生态系统中的竞争和经济系统中的竞争有不同的含义：经济系统是由价格激励、竞争规制、破产法律以及税收和补贴制度等构成的复杂系统，这些构成因素使得经济系统中的竞争与生态系统在漫长进化过程中形成的不受任何约束、原生态式的完全竞争之间相似性并不大。再次，生物学类比是一种静态或比较静态的类比，没有考虑时间变化的影响。企业成长是一个过程，其所表现出来的时间特征没有在企业成长的生物学类比中得到很好体现。最后，自组织理论（Self-organization Theory）与生物学类比相比，更适合成为企业成长理论深化研究的工具。自组织理论产生于 20 世纪 60 年代末，主要分析复杂自组织系统（如生命系统、社会系统）的形成和发展机制。由于经济自组织在任何复杂的情况下的演化现象都可以用自组织理论来验证，而不同经济学流派对演化的分析都能被统一到自组织理论体系之中，所以，自组织理论比生物学类比具有更大的普适性，企业成长理论的研究基础应从生物学类比转向经济自组织理论。

二、生物学类比研究对企业成长理论深化发展持续贡献论

为了应对生物学类比对企业成长理论深化发展贡献有限的论调，许多学者从多方面论证了生物学类比对企业成长理论深化发展能做出持续贡献，具体表现在以下五个方面：

第一，人为选择与生物选择之间并没有本质上的区别。动物也是照它自己的意志做出选择，如蚂蚁选择收集活蚜虫而不收集死蚜虫、老虎对其捕食对象是有选择标准的、牛在吃草时会先吃嫩草，这些都表明动物的选择行为是有意识的。可见，人为选择与生物选择在很大程度上是类似的。

第二，生物学类比在研究中是考虑了时间因素的。例如，达尔文的"种群思想"（Population Thinking）是一种包含时间因素的动态思想，比静态的牛顿行星体系（Newtons Planetary System）更复杂。又比如动物的生命周期本身就包含了时间因素。

第三，生物的意向性和人的意向性都存在因果关系，可以运用因果分析法对两者中的因果关系加以分析和研究。达尔文进化论中对每个事件及其效应之间的因果关系都做了说明，同样，人们之间协商和谋划的原因也是可以被解释的。

第四，生物学和经济学中都存在竞争与合作问题。自然界生物之间除了对立竞争之外，还存在创造性和合作性关系，例如非洲草原上狮子和羚羊之间表面上是捕食和被捕食关系，但也可视为彼此相互完成了种群质量筛选，只有足够强壮的狮子和足够敏捷的羚羊才能捕到猎物或逃脱捕猎而生存下来。事实上，社会经济系统的竞争也不完全是对抗性的竞争，也存在合作式竞争，如生产同类商品或提供同类服务的企业形成企业集群，在同一企业成长环境内共同成长。

第五，达尔文进化论与自组织理论不是对立的，而是相互补充的。自组织理论虽然能综合多个理论流派的观点，形成统一的分析框架对演化问题进行研究，但其研究有效的范畴是个体演化，在群体演化方面还存在许多不足。达尔文进化论同时论及个体和群体演化问题，可用于对包括社会

风俗、规则、制度等在内的社会演化问题研究，可以弥补自组织理论在群体演化方面研究的不足，因此，生物学类比和自组织理论并不是相互替代的关系，而是互为补充关系，可以发挥它们的综合优势，更好地开展企业成长的理论研究和实践探索。

综上所述，生物学类比在许多方面对企业成长理论深化发展继续发挥着重要的作用。具体而言，首先，可以把企业内部组织结构视为具有大脑型组织（Minding Organization）特征的组织结构，强调企业成长的主观能动性，运用脑神经科学的前沿成果分析企业成长行为。其次，深入到生物基因层面，运用生物学类比构建起企业的 DNA 模型，从以企业的 DNA 模型分析企业特性和演化的角度来研究企业成长问题。再次，20 世纪 90 年代，生物种群多样性与生物种群迁徙等理论对演化经济地理学（Evolutionary Economic Geography）产生了重大影响，致使演化经济地理学形成从空间视角去研究企业创新和技术进步及其对区域经济的影响的新视角。最后，源自生物进化论的演化博弈论（Evolutionary Games）在研究企业制度的影响因素、企业制度形成过程等方面都发挥了重要作用，使得博弈论更加贴近现实。

生物学类比研究对企业成长理论深化发展的贡献之争，极大地促进了生物学类比在企业成长研究中的运用，丰富了企业成长理论体系的内涵。一方面，主张用经济自组织理论替代生物学类比作为企业成长理论主要研究工具的学者并没有完全否定生物学类比的贡献，甚至开始反思生物学类比对企业成长理论的贡献是否仅局限在企业成长初级阶段的研究上；另一方面，主张生物学类比具有持续贡献的学者在研究中清醒认识到生物学类比无法单独完成包括企业成长在内的社会经济演化问题的研究工作，也提出了统筹发挥生物学类比和自组织理论的优势来研究企业成长问题。可以预见，随着研究的进展，来自自然科学领域的自组织理论和生物学类比将很可能在企业成长等结构演化问题的研究中实现"争论中的统一"，这将有利于企业成长理论的深化。

第三节　中小企业自主创新成长研究中的
重要生物学类比理论

随着研究的不断深入、复杂科学的兴起以及市场供需关系的改变，中小企业自主创新成长过程的复杂性和多样性特征日益突出，中小企业自主创新成长内外要素之间关系日益密切，中小企业自主创新成长各主体之间的交互作用日益增强，使得中小企业自主创新成长环境、中小企业创新网络呈现出动态演化的结构性特征，生态思想开始进入中小企业自主创新成长研究之中，并且研究成果开始不断涌现。因此，无论是研究理论理念变化，还是学科方法的借鉴，都表明生物学类比在中小企业自主创新成长研究中同其他类型企业自主创新成长的研究一样，具有必要性和可行性。

一、企业生态学理论

人们在经济运行中发现经济系统和生物系统有许多类似之处，如著名科普作家大卫·布林尼在其著作《生态学》中就指出，生态学和经济学在许多问题上有共同的关注点，如两者都关注生态系统和经济系统中的以下主要问题：资源的配置和利用状况、资源配置和利用中的供求关系、系统成员之间的竞争特征以及为了获得某种收益而需要付出的成本等。在自然界，付出的成本是能量和资源；而在人类世界里，付出的成本一般是金钱和时间[①]。借用生物学的遗传、变异"创新"、选择等思想、理念和方法，在企业成长问题的研究中催生了企业生态学（Enterprise/Business Ecology）。

---

① 大卫·布林尼. 生态学 [M]. 北京：生活·读书·新知三联书店，2003.

（一）企业生态学的基本含义

企业生态学是研究企业成长与企业成长环境之间相互关系的科学，是生态学理论、耗散结构理论、协同学理论、系统工程等系统科学相关学科理论的综合，是由企业个体生态学、企业群体生态学、商业生态系统生态学等组成的学科体系①。企业生态学的立论依据是企业与生命体有诸多共性：都有自己主动适应所处环境以实现可持续成长的目标和能力，都具有不同的生命周期，在成长中都是通过合作共生、协同进化等来适应环境，取得成长动力。

（二）企业生态学视域下的企业成长

企业生态学通过分析企业与其成长环境之间的互动关系，用以研究企业成长中遇到的各种问题，阐释企业成长规律，预测企业成长趋势，从而为企业成长战略的制定提供理论依据。具体而言，人们在企业成长研究中逐渐认识到企业成长环境对企业成长有着极其重要的影响，不同的企业成长环境会带来不同的企业经营后果。企业成长是企业与其成长环境之间通过互动实现企业从一种状态向另一种状态变化，是企业在其成长环境中所历经"变异—检验—保留—传衍"的过程，或者说是企业成长环境对存在于其中的企业"自然选择"的过程。企业通过与其商业生态性之间的关系的不断调整，实现自身的定位变化，表现出成长的态势。需要指出的是，企业是人类的社会组织，没有自然有机生命，只是仿生体，所以企业生态学是具有仿生意义的生态学，是对具有社会经济组织特征的企业的生物学类比。在企业生态学视野下，企业是指由人们设计、组建和管理的具有生物性、智能性和人格化的物质转化系统，即中小企业本身也可视为一个系统，这样企业与其成长环境之间不是单向关系，企业要适应所处的成长环境，企业在成长中对所处的成长环境有能动性的反作用，在一定程度上可以改变或改善所处的企业成长环境，企业与企业成长环境之间在一定程度上是相辅相成的。此外，企业

---

① 杨忠直．企业生态学引论［M］．北京：科学出版社，2003.

生态学的理论和研究方法还可以延伸到企业成长环境内的企业创新网络的研究之中。

二、企业生态位理论

（一）企业生态位的定义和测算

企业生态位是以生态学中的生态位（Niche）类比分布于企业成长环境内不同层次和不同维度的小生境，在小生境内分布着企业成长资源，企业成长表现为企业从低层次、低维度的企业生态位跃升到高层次、高维度的企业生态位。

企业生态位的状态是运用自然生态位的测度方法测度企业生态位来描绘的。自然生态位测度方法主要有生态位体积及生态位维数测度、生态位宽度测度、生态位重叠度测度等。自然生态位测度的方法体系较为完善，其中常用的测度公式有测度生态位宽度的 Levins 公式、Schoener 公式、Hurbert 公式；常用的测度方法有测度生态位重叠度的曲线平均法、对称 α 法、不对称 α 法等[1]。

有代表性的企业测度方法可参见万伦来（2004）和颜爱民（2007）两位学者的方法。企业生态位测度的重点是企业生态位的"态"和"势"的测度。企业生态位的"态"是指企业生态位的现状，包括企业生态位所拥有的企业成长资源、竞争状态等，是企业成长动力来源；企业生态位的"势"，是指企业生态位演化的方向和演化趋势，是企业成长的方向。在测算中，运用层次分析法，用各个二级指标反映企业生态位的"态"和"势"，二级指标又可以具体细分为若干个三级指标。各个指标在具体测算时被赋予不同的权重[2]。如表4-1所示。

---

[1] 李契，朱金兆，朱清科. 生态位理论及其测度进展 [J]. 北京林业大学学报，2003（01）：100-107.

[2] 颜爱民. 企业生态位评价指标及模型构建研究 [J]. 科技进步与对策，2007，24（07）：156-160.

表 4-1 企业生态位测算的指标

一级指标		二级指标	三级指标
企业生态位	态（1）	市场地位	主导产品市场占有率、主导产品市场覆盖率
		企业规模	销售收入、员工人数、利税总额、净资产
		社会影响	社会贡献率、社会积累率
		人力资源	高级管理人员指数、教育结构水平、培训费用率
	势（2）	经营能力	资产收益率、利润增长率、流动比率、企业融资率
		市场营销能力	市场扩展能力、市场应变能力
		技术创新能力	科研经费投入率、新产品开发成功率、人均技术装备水平
		组织管理能力	组织外向扩张能力、生产能力有效利用率

　　较有代表性的方法还包括万伦来（2004）提出的企业生态位测算的加权指标体系，该加权指标体系包括企业生存力、企业发展力、企业竞争力三大类指标，每一大类指标下面进一步细分为多个子指标。

　　关于各指标的权重设置，主要有两类方法：第一类，专家意见法、德尔菲法、头脑风暴法、问卷调查法等，在广泛采取专家意见、专业看法的基础上，通过定性分析确定比较重要的指标及其权重，用这种方法选择出来的指标和设定的权重，专业性和真实性较高，但是这种方法耗时过长，实践起来比较麻烦，并且与是否能选到合适的专家有关，带有一定的主观性。第二类，计量分析法。首先建立一个结构方程模型（线性或非线性），里面涵盖所有可能的指标以及相应的权重；然后通过迭代法，不断删除或增加一些拟合不好的指标，并修改其权重，反复试验，最终留下那些拟合优度较高的指标，并确定下拟合最好的权重，也即重要影响因子及其影响力大小。

　　企业生态位测算在实际运用中还会面临数据和实证资料采集难度较大问题，尤其是中小企业的企业生态位相关原始数据和实证资料。除了上市中小企业外，大量中小企业的企业生态位数据很少有专门的数据库，大多只能通过对中小企业开展问卷调查、实地查访等方式获得和整理，因此，测算中小企业的生态位时，需要从多渠道解决数据来源的稳定性和可持续性问题。

（二）企业生态位理论在中小企业自主创新成长研究中的运用

运用企业生态位理论可以对中小企业自主创新成长中的复杂关系和复杂问题进行有效研究：第一，运用企业生态位理论，可以对中小企业成长环境内不同的小生境进行"态"和"势"的描绘，把握中小企业成长的能力和成长路径等关键问题。第二，运用企业生态位理论，通过对中小企业生态位的重叠度和分离度分析，能够为中小企业自主创新成长的成长动力来源和成长战略的制定提供指导。第三，企业生态位理论能够为政府制定支持中小企业自主创新成长的公共政策和扶持手段提供依据。中小企业在其企业生态位上形成合理的"态"和具备足够的"势"是中小企业自主创新成长必备的条件，可以作为政府扶持中小企业自主创新成长政策和手段成效的考核依据。

由上分析可知，企业生态位理论对中小企业自主创新成长具有极强的解释力和指导力。中小企业的企业生态位较窄，生态位重叠现象比较突出，极易发生竞争排斥现象。一些中小企业通过分析所处企业生态位的实际情况，因地制宜制定符合自身实际的自主创新成长战略，以"专精特新"的优势蝶变成为产业链和创新链上的隐形冠军、"小巨人"企业，与大企业之间的关系由从属关系变为协同关系，实现了大小企业之间融通创新，说明此类中小企业不仅占据了有利的企业生态位，而且还通过不断进化，依靠自主创新的推动捍卫、拓展了企业的企业生态位。

三、企业创新生态系统（创新生态网络)[①]

（一）创新生态系统

一般认为，美国总统科技顾问委员会于2004年发布的《维护国家的创新生态体系、信息技术制造和竞争力》以及《维护国家的创新生态系统：保持美国科学和工程能力之实力》两份报告，是"创新生态系统"一词正式产生的标志。这两份报告强调了创新生态系统对于美国国家竞争

---

① "创新生态"与"生态创新"的含义不同，创新生态是对创新环境运用生物学类比，突出创新环境的动态性、复杂性等特征；生态创新主要是指与所处的自然生态环境和谐相处，实现绿色发展。

力和持续繁荣的重要价值，并将创新生态系统作为国家竞争力的支撑要素与驱动要素①，这也是创新生态系统进入创新实践的标志。随后欧盟、日本也陆续制定和颁布了各自国家构建创新生态系统的相关政策和战略规划，强调构建创新生态系统对培育国家竞争力的重要性。

创新生态系统的理论研究可以追溯到 Adner 对创新系统所进行的"生态性"思考，他认为创新系统中的核心企业与其所处产业链的上下游企业通过优势资源重新组合，能够极大地提高企业创新绩效，这可以说是企业生态性创新系统较早的理论思考②。创新生态系统可被理解为在创新日益复杂、创新范式不断演进的背景下，生态隐喻思想在创新系统的研究中兴起，并与相关哲学观点相互交织，聚合形成的"生态化的"企业创新系统研究范式，更为形象、更为有效地突显出创新系统的成员异质性、互惠共生、协同演化及个体目标与整体目标协同的特征。特征和功能。"创新生态系统"概念的提出，进一步突出和强调了创新系统的复杂性和动态演化性以及创新系统内创新要素的有机聚集特征③。总的来看，创新生态系统是通过自组织和他组织等方式将诸多企业创新要素在空间和时间上集聚起来，通过协同创新效应，提高企业竞争力，促进企业成长。创新生态系统在企业、研发机构、政府、市场等多个环节之间形成"研发—应用—技术衍生—商业运行"关系的复杂系统。

随着理论研究和实践探索的深入，创新生态系统得以在创新研究的各个领域、各个层次展现生命力，并形成了多样化的分析框架，呈现出不同的表现形式，主要有技术生态系统、服务生态系统、创业生态系统等，大大拓展了创新生态系统的理论研究和实践探索方向④。

---

① 陈劲. 企业创新生态系统论 [M]. 北京：科学出版社，2017.

② Adner R. Match Your Innovation Strategy to Your Innovation Ecosystem [J]. Harvard Business Review，2006，84（04）：98-107+148.

③ 曾国屏，苟尤钊，刘磊. 从"创新系统"到"创新生态系统"[J]. 科学学研究，2013，31（01）：4-31.

④ 汤临佳，郑伟伟，池仁勇. 创新生态系统的理论演进与热点前沿：一项文献计量分析研究 [J]. 技术经济，2020（07）：1-9+26.

（二）企业创新生态网络

创新生态系统的两个主要视角分别是生态视角和网络视角，其中，网络视角被认为是更为贴近企业创新实际的视角。在网络视角下，企业创新生态系统被视为企业生态性创新网络，通常表现为复杂网络组织形式。企业创新生态系统是生态视角下的企业创新网络，有多种定义方式，综合起来，企业创新生态网络可以定义为是指企业为满足客户需求，在创新过程中与其他创新利益相关者通过互惠共生形成各种合作关系而构建起来的协同化、共生性、开放性和动态性网络格式系统①。

在企业生态性创新网络运行的推动下，企业的研发创新能力、生产经营能力、市场适应能力等得以迅速提升，使得企业的财务绩效、发明专利申请量数量、协同创新伙伴的数量、自主创新资源积累量也呈现明显的上升趋势。于是，企业之间的竞争由企业个体之间的竞争逐步演化为不同企业的生态性创新网络之间的较量，全球一些知名企业（如苹果、IBM、宝洁、西门子、微软、谷歌、海尔等）都建立起了以企业为中心、动态开放的企业创新生态系统。这些企业在其企业生态性创新网络内，与其他成员形成互惠共生关系，通过协同演化，积极开展价值共创和共享，调动了企业创新潜力，提高了企业创新能力，推动了企业可持续成长，同时为消费者提供了更多的产品，赢得了市场竞争优势。

第四节　中国学者对企业自主创新成长的生物学类比研究的贡献

中国学者将生物学类比运用在社会科学研究中的时间并不算晚，与国

---

① 蒋石梅，吕平，陈劲. 企业创新生态系统研究综述——基于核心企业的视角 [J]. 技术经济，2015，34（07）：18-23+91.

外学者基本同步。早在 1984 年，著名生态学家马世骏和王如松（1987）提出了复合社会生态系统的概念，将自然生态系统的研究视角从一般的生物种群系统推广到人工生态系统领域。以贾根良为代表的一批学者翻译了以生物学类比为重要研究基础的演化经济学的相关文献，并对演化经济学进行了思想史的进一步梳理和研究展望。孙成章于 1996 年出版的《企业生态学概论》是国内较早有关生态思想在企业管理中的应用的著作。此后，以生物学类比法对企业自主创新成长的研究成果层出不穷，主要表现在以下两方面：

一、企业生态位研究

中国学者主要是从企业在其成长环境中的地位、企业成长环境是对企业成长的影响两大方面来诠释企业生态位的[①]。围绕企业生态位，我国学者进行了大量的定量研究和定性研究，积累了不少研究成果：

在企业生态位的数学方法方面，生态位的数学研究方法对企业生态位的量化研究有很大的启发，企业生态位的计算源自生态位的数学方法。黄英姿较为系统地梳理了生态位研究中的数学方法，主要包括：①系统梳理了生态位宽度、生态位重叠度的基本测算公式的演变情况，讨论了连续性和离散性状态下的生态位测算公式。②介绍了多元统计方法在生态位测度中的运用。③对生物群落生态位测度方法进行了介绍[②]。这些为企业生态位的定量分析提供了充分的数理和统计学理论基础。

在企业生态位的评价研究方面，有代表性的成果是形成了企业生态位在生产制造能力、核心技术能力、界面管理能力、战略管理能力、营销管理能力、学习创新能力等方面的综合评价的方法、建立起一系列评价模型对企业生态位的竞争以及企业生态位的进化进行评价分析、构建了中国情境下企业生态位的"态评价"和"势评价"模型并进行了应用研究。

---

① 梁嘉骅，等. 企业生态与企业发展：企业竞争对策 [M]. 北京：科学出版社，2005.
② 黄英姿. 生态位理论研究中的数学方法 [J]. 应用生态学报，1994，5（03）：331-337.

在企业生态位对企业成长的影响方面，比较有代表性的研究成果有：①彭璧玉根据企业生态位重叠程度决定企业竞争状态，企业竞争状态决定种群活跃度，种群活跃度决定了企业衰亡这一研究逻辑，运用组织生态学分析了企业衰亡问题，概括了影响企业衰亡的若干重要因素。这些因素包括：经验和生存学习、企业年龄、管理连续性、企业种群内部的接触性传染、企业群落的内部调整和企业入侵等①。②杨蕙馨和刘璐运用企业生态位相关理论分析了企业集群结构中不同位置对企业成长的不同作用，探讨企业优势生态位促进企业成长的内在机理，提出了构建企业优势生态位、促进集群中企业成长的对策建议②。③钱辉较为系统地研究了企业生态位、企业生态位上的生态因子以及企业生态位上的生态因子互动对企业成长的影响机理，对基于生态位的企业成长机制进行了探究③。

二、企业创新生态系统的研究

国内学者对企业创新生态系统的研究起初是对国外已有的企业创新生态系统的理论和相关研究成果进行梳理，研究的重点是将企业创新生态系统的概念、功能、结构和测算等结合中国的国情、案例等进行"中国化"再研究。随着中国企业创新实践活动不断丰富、企业创新政策不断完善、一系列创新驱动发展战略陆续提出、学科交叉融合趋势加快以及现实社会对企业创新的需求不断增加，国内学者对企业创新生态系统的研究取得了长足进展，研究方法和研究手段不断完善，研究成果不断涌现。彭雁虹等对生命系统理论（Living Systems Theory）及其应用进行了追踪研究，指出其在组织理论等方面的广泛应用性④。袁纯清将共生理论引入经济领域，

---

　① 彭璧玉. 企业衰亡的生态化过程与制度化过程［J］. 学术研究，2006（05）：32-36.

　② 杨蕙馨，刘璐. 企业集群中企业生态位与企业成长［J］. 经济学动态，2007（09）：58-61.

　③ 钱辉. 生态位、因子互动与企业演化——基于生态位的企业成长机制探究［M］. 杭州：浙江大学出版社，2008.

　④ 彭雁虹，褚启勤，李怀祖. 生命系统理论及其应用综述［J］. 系统工程理论与实践，1997（03）：35-41.

建立了以共生密度、共生界面、共生模式分析共生关系状态的初步理论框架①②。范建平等从企业生态系统的视角提出基于企业生态系统协同演化的企业管理研究纲领，分析了这一纲领的特点及其与古典管理研究纲领的本质区别。在此基础上，从企业生态系统协同演化的角度提出了企业生态链纵向协同策略和企业生态系统的网络协同策略③。

回顾中国学者对创新生态系统研究历程，可以发现企业生态系统的定性研究和定量研究都取得了不少研究成果，从发表的文献来看，运用案例研究和实证检验对创新生态系统内部多维度的交互关系进行定量分析，从中发现企业创新、企业成长的新规律是企业创新生态系统研究的新趋势④。

第五节　西部中小企业自主创新成长研究中生物学类比运用的可行性分析

全球金融危机冲击和发展方式转型对西部中小企业成长的内外部环境带来了巨大冲击，从中涌现出许多新情况和新问题，这给西部中小企业的可持续成长带来了严峻的挑战。越来越多的研究表明，自主创新是西部中小企业应对复杂环境、实现可持续成长的重要驱动力。根据以上的分析和介绍，生物学类比在研究复杂结构、复杂关系为代表的复杂性问题方面显示出了其独特的优势，其研究范式和研究方法在不断完善之中。国内外学者在运用生物学类比研究企业创新、企业成长方面积累了相当的研究成

---

① 袁纯清.共生理论及其对小型经济的应用研究（上）[J].改革，1998（02）：101-105.

② 袁纯清.共生理论及其对小型经济的应用研究（下）[J].改革，1998（03）：78-86.

③ 范建平，梁嘉骅，谢元元.基于生态系统的管理学研究纲领[J].山西大学学报（哲学社会科学版），2009，32（03）：85-88.

④ 高静，李瑛，于建平.中国企业创新生态系统研究的知识图谱分析——来自CSSCI的数据源[J].技术经济，2020，39（08）：43-50.

果，为西部中小企业自主创新成长的理论研究和实践探索的创新提供了稳定可靠的理论基础、研究方法和实践经验，为西部中小企业生态性自主创新成长理论的形成和应用奠定了坚实的基础。

一、中小企业自主创新成长的生物学类比运用现状

生物学类比能够应对企业成长的动态性和复杂性问题的研究，适应了企业成长理论研究从线性向结构演化转向的需要，在企业成长战略、企业成长环境、企业创新等方面的研究中显示出了其独特的优势，中外学者在生物学类比研究企业创新、企业成长方面取得了较为丰硕的研究成果，但仍有许多值得拓展的地方。具体而言，首先，现有相关研究大多是直接默认自然界生物进化与企业成长之间具有相似性，主要运用相关数理工具对企业成长进行仿生研究，而深入实地的系统案例研究则比较少见，相关的实证研究也多是以发达国家或发达地区的企业为研究对象，对中国经济欠发达、市场化水平低、产业基础薄弱、生态环境脆弱的西部地区中小企业自主创新成长问题关注得还不够。其次，现有研究虽然考虑了中小企业自主创新成长的过程，并运用源自生物进化论的演化博弈理论来加以研究，但研究大多停留在策略互动的研究上，对中小企业自主创新成长过程中的技术、制度、历史等诸要素之间竞争与合作关系缺乏全面和深入的研究。最后，现有研究虽然注意到了生物学类比与自组织理论结合的可行性，但没有深入探讨结合的方式、路径和机制等关键问题，也很少有应用的案例。

二、生物学类比在西部中小企业自主创新成长中的运用展望

根据西部中小企业自主创新成长的实际，生物学类比在西部中小企业自主创新成长研究中的运用可以在以下方面有所突破：首先，形成逻辑更加严密的西部中小企业自主创新成长研究中运用生物学类比方法的法理基础。这方面可通过对西部中小企业自主创新成长环境和存在于西部中小企业自主创新成长环境的中小企业创新网络的"生态化"拟合来进行。其

次，有机结合中小企业自主创新成长理论基础，根据西部中小企业自主创新成长的实际，构建"西部中小企业生态性自主创新成长理论"，并运用"西部中小企业生态性自主创新成长理论"来深入、系统地研究西部地区不同行业、不同自主创新水平、不同自主创新模式的中小企业的组织创新成长问题。

第五章 西部中小企业生态性
自主创新成长理论

西部中小企业成长起点较低，自主创新水平不高，自主创新成长较之东部中小企业自主创新成长遇到的困难和障碍更多，自主创新成长更为困难，更需要进行中小企业成长理论研究和实践探索的创新。本章引入生物学类比，根据西部中小企业自主创新的实际，将中小企业自主创新成长理论基础生态化，构建西部中小企业生态性自主创新成长理论，对西部中小企业自主创新成长的研究进行理论创新，以便更好地指导西部中小企业生态性自主创新成长的实践。

第一节 西部中小企业生态性自主创新成长理论概述

一、西部中小企业生态性自主创新成长的定义

西部中小企业生态性自主创新成长是指西部中小企业在激烈的国内外竞争下，为克服自身规模小和自主创新能力弱的局限，借用生物学中互惠共生和协同演进的生态系统理念，在西部中小企业自主创新成长环境中构

建起具有互惠共生结构和协同演进机制的中小企业生态性创新网络，通过有效政府与有为市场相结合，开展自主创新，推动中小企业生态性创新网络优化，不断提高自身的竞争力，获得持久的中小企业成长动力，强化市场适应能力，实现量变成长与质变成长有机结合，实现可持续成长的过程。主要表现为西部中小企业在其自主创新成长空间内，以互惠共生结构的生态性创新网络，集聚起中小企业自主创新成长的各类资源和各类中小企业自主创新主体，通过协同整合开展自主创新，促进小企业生态性创新网络优化，不断产生中小企业自主创新溢出效应，形成源源不断的中小企业自主创新成长动力，进而推动西部中小企业的成长。

二、西部中小企业生态性自主创新成长理论主要内容

中小企业自主创新成长是众多中小企业自主创新主体及搭载于其上的因素之间交互作用的过程和结果。根据西部中小企业自主创新的实际，通过生物学类比将中小企业自主创新成长理论基础"生态化"，构建西部中小企业生态性自主创新成长理论，能够全面和深刻阐释西部中小企业自主创新成长的机理，发现其中存在的主要困难和障碍，针对这些主要困难和障碍，有的放矢地提出促进西部中小企业自主创新成长的对策和建议，从而更有效地实现西部中小企业自主创新成长在理论与实践中的创新，更有效地为促进西部中小企业自主创新成长提供理论指导。根据西部中小企业自主创新成长的过程，西部中小企业生态性自主创新理论主要包括以下主要内容：

（一）西部中小企业商业生态系统理论

西部中小企业自主创新成长环境包含了西部中小企业自主创新成长的直接要素和间接要素以及诸多西部中小企业自主创新利益相关主体，是西部中小企业自主创新成长的起点和基础。西部中小企业多根植于西部地区生态脆弱的自然环境，且相当数量分布在资源型产业之中，西部地区中小企业自主创新成长环境是多因素的动态复合系统，包括经济、社会、生态和历史文化等因素，是由自然、社会文化、经济等多个子系统构成的网络

组织。西部中小企业商业生态系统理论通过将西部中小企业自主创新成长环境以生物学类比为中小企业商业生态系统，借鉴生态系统的相关理论，用于研究和分析西部中小企业成长环境对西部中小企业自主创新成长的影响。

（二）西部中小企业生态性创新网络理论

西部中小企业生态性创新网络构建于西部中小企业自主创新成长环境之中，是西部中小企业开展自主创新的组织形式。西部中小企业生态性创新网络由西部中小企业联结中小企业自主创新的多个主体，集聚西部中小企业自主创新成长的直接因素而形成。西部中小企业生态性创新网络结构的稳定性由网络内的互惠共生关系维系；西部中小企业创新网络的运行通过中小企业创新网络的协同演进机制实现。中小企业生态性创新网络理论是将互惠共生和协同演进等生物学理念融入中小企业创新网络理论之中，构造西部中小企业生态性创新网络，用于详细解构和系统分析西部中小企业生态性创新网络互惠共生结构以及协同演进机制。

（三）西部中小企业生态性自主创新成长动力理论

西部中小企业生态性自主创新成长动力来自西部中小企业生态性创新网络优化所产生的创新溢出效应。西部中小企业生态性创新网络优化包括西部中小企业生态性创新网络合理化和西部中小企业生态性创新网络高级化两个前后紧密衔接，周而复始的阶段。西部中小企业生态性自主创新成长动力理论通过分析和解构西部中小企业生态性创新网络优化形成西部中小企业自主创新成长动力的过程和机理，系统分析西部中小企业生态性自主创新成长动力产生机制和路径，揭示西部中小企业自主创新成长动力形成的规律。

（四）西部中小企业生态性创新网络治理理论

为确保西部中小企业生态性创新网络的构建和运行的高效性，需要对西部中小企业生态性自主创新网络进行治理。网络治理（Network Governance）是超越传统的科层治理、市场治理两分法的一种治理形式，包括网络结构优化、网络机制设计。西部中小企业生态性创新网络治理的目标在于协调与维护西部中小企业生态性创新网络的结构和运行，使其能够适应多变的西部中小企业自主创新成长环境。西部中小企业生态性创新网络治理理论包括建立在中小企业创新网络特征的基础上的西部中小企业生态性创新网络的结构治理、西部中小企业生态性创新网络的关系治理和西部中小企业生态性创新网络的过程治理这三个方面，这三个方面是环环相扣、相互作用和相辅相成的。

第二节　西部中小企业商业生态系统理论

一、西部中小企业自主创新成长环境

西部中小企业自主创新成长环境是西部中小企业自主创新成长的基础，也是西部中小企业创新网络的构建来源，包含了西部中小企业自主创新成长的诸多主体和诸多要素。西部中小企业多分布于诸如资源型产业的传统产业，根植于西部地区生态脆弱的自然生态环境之中，与自然生态质量密切相关，自然生态要素在中小企业成长中发挥着重要作用。西部中小企业成长环境除了包括经济、社会历史、科技、制度、人才等一般中小企业自主创新成长维度之外，还包括自然生态维度。因此，西部中小企业自主创新环境是由核心中小企业与分布于经济、社会历史、科技、制度、人才、自然生态等多个维度上的中小企业自主创新利益相关者联结而成的复杂网络，中小企业自主创新成长要素分布在中小企业自主创新成长环境的各个维度上，形成了经济、社会、科技、制度和自然五个子系统，这五个子系统通过彼此之间存在信息、价值和能量的正负反馈，维持了西部中小企业自主创新成长环境的稳定和运行。

二、西部中小企业商业生态系统

（一）西部中小企业商业生态系统结构

中小企业自主创新成长环境是一个开放的动态复合系统，与一般企业自主创新成长环境相比，中小企业自主创新成长环境包括更多的内容，既要考虑传统的经济、社会、生态和历史文化等因素，又要考虑日益强调的社会道德约束和责任约束，如避免彼此间的恶性竞争、强调与自然生态和谐等，具有动态性和复杂性。西部中小企业商业生态系统中要从动态性、复杂性和持续性等方面将西部中小企业自主创新成长环境的特征描绘出来。根据中小企业创新成长的实际，将社会文化、国内外经济形势、自然生态、政府、行业动态、人力资源、金融资源、技术、市场等作为构成中小企业自主创新成长环境的关键维度。这些关键维度分布在宏观、中观和微观三个层次上，构成了西部中小企业商业生态系统，其结构如图5-1所示。图中虚线表示西部中小企业商业生态系统是一个没有明显的边界和开放的商业生态系统，随时可以有新的中小企业自主创新要素和自主创新主体加入，甚至可能会有新的维度建立，体现出中小企业自主成长环境的动态性和复杂性。

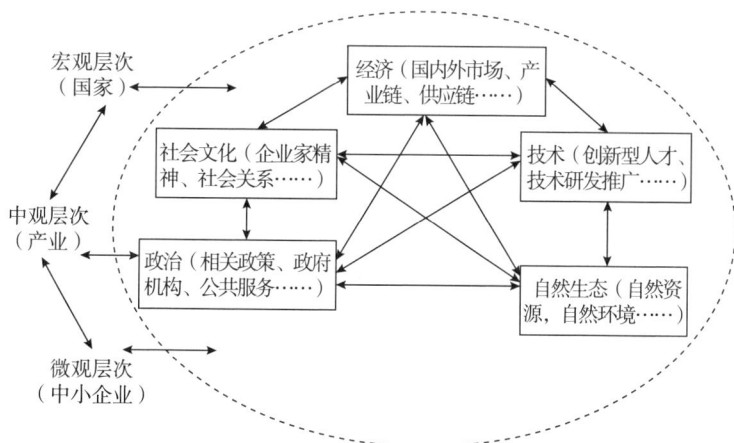

图5-1　西部中小企业商业生态系统示意图

（二）西部中小企业商业生态系统特征

1. 西部中小企业商业生态系统是多层次网络结构

西部中小企业商业生态系统是宏观、中观和微观三个层次的网络组织，第一，宏观层次是国家层面视角，主要包括国内外政治经济等形势对西部中小企业自主创新成长的影响、国家对西部中小企业自主创新成长扶持的相关政策。第二，中观层次是产业层面视角，主要包括与西部中小企业自主创新成长密切相关的机构和行业，也包括西部中小企业所处的自然、社会经济和生态环境。第三，微观层次是企业层面视角，主要是西部中小企业自身的运营和自主创新状况，主要包括西部中小企业内部结构、西部中小企业自主创新方式、西部中小企业生产经营方式等。这三个层次之间关系密切，彼此之间有正负反馈关系：一方面，西部中小企业开展自主创新可能会对其他行业和企业，以及对西部中小企业所处的自然、社会经济和自然生态环境等产生影响，很可能会引发政府机构根据国家相关政策从微观、中观、宏观自下而上地对西部中小企业自主创新成长进行干预；另一方面，国家相关政策和政府的相关措施也会通过从宏观、中观到微观，自上而下地影响西部中小企业自主创新成长。

2. 西部中小企业商业生态系统具有动态适应性

西部中小企业商业生态系统是对西部中小企业自主创新成长环境的生物学类比，具有生命特征，表现出很强的新陈代谢、自适应、自协调能力，可以用生命周期不同阶段加以划分。西部中小企业商业生态系统各层次和各维度在运行中彼此进行信息、价值和能量交换，推动西部中小企业商业生态系统不断运动变化，形成了周而复始的优胜劣汰机制：一方面，只有适应西部中小企业商业生态系统的西部中小企业才能继续留在西部中小企业商业生态系统中，并不断强化自身的竞争优势，实现自主创新成长；另一方面，新生的西部中小企业不断进入到西部中小企业商业生态系统中，借助西部中小企业商业生态系统的优势，不断实现自主创新成长。

3. 西部中小企业商业生态系统具有共生性特征

西部中小企业商业生态系统内的各个企业生态位上的中小企业自主创

新成长资源是有限的，西部中小企业在商业生态系统内各企业生态位上形成互惠共生关系，通过合作式竞争，优势互补，实现彼此之间的物质、能量和信息的共享，形成中小企业自主创新成长的竞争优势，促进整个西部中小企业商业生态系统的动态进化，为西部中小企业生态性创新网络的构建奠定基础。同时，作为复杂有机体的西部中小商业生态系统会根据运行中遇到的各种新情况和新变化，及时调整和完善自身内部结构，及时修正运行目标，积极纳入新的西部中小企业自主创新成长要素，确保整个系统结构稳定和运行平稳。

第三节 西部中小企业生态性创新网络理论

西部中小企业创新网络是西部中小企业商业生态系统内，介于市场和中小企业之间的网络组织，是西部中小企业开展自主创新的组织形式。传统的线性分析法无法很好地分析中小企业创新网络的复杂结构，无法揭示中小企业创新网络中的复杂关系，也无法对中小企业创新网络进行系统和深入分析。这些不足可以运用生物学类比加以克服。运用生物学类比，将中小企业创新网络生态性诠释为"中小企业生态性创新网络"，借用较为成熟的生态系统理论、复合网络理论等对西部中小企业生态性创新网络进行全面和深入分析。

一、企业创新网络的一般特征

企业创新网络是复杂网络，具有动态复合性特征，主要表现在：第一，企业创新网络边界具有模糊性。随着"互联网+"的兴起，企业创新网络内各节点之间的交流更迅速，运营成本更低，产生了许多跨地域和跨产业的新型企业创新网络。同时，随着技术创新与制度创新的不断深入，不断有新的中小企业自主创新要素和自主创新主体被吸纳进企业创新网络。第二，企业创新网络的核心是企业。企业创新网络是企业为了有效开展中小企业创新而构建的组织，因此，企业创新网络的基本属性、企业创新网络成员选择、企业创新网络创新要素的种类以及企业创新网络中各类关系的形成等都要以有利于核心企业的自主创新为标准，否则企业创新网络就失去了存在的意义和价值。第三，企业创新网络以协同方式进行企业创新。企业创新网络内，核心企业与其他企业创新网络成员相互协同所产生的信息流、价值流和能量流等交互作用，产生企业创新网络的创新溢出效应，形成企业成长的创新驱动力。

二、西部中小企业生态性创新网络的特征

由于中企业创新网络具有动态复合特征，可以运用生物学类比，将中小企业创新网络生态性诠释为"中小企业生态性创新网络"，借用较为成熟的生态系统理论、复合网络理论等对西部中小企业生态性创新网络进行全面和深入分析。较之东部中小企业，西部中小企业自主创新成长起点低、组织化程度不高、自主创新水平和自主创新质量有待提升，市场适应能力也相对较低，在保护自然环境方面有更大的担当。因此，西部中小企业生态性创新网络还表现出西部地域特色。西部中小企业生态性创新网络的特点主要表现在以下几方面：

（一）西部中小企业生态性创新网络的开放性

哈佛商学院教授亨利·切萨布鲁夫认为，开放式创新是指企业在创新中通过企业内外两个渠道，将企业技术系统整合为内外有机统一的技术系统，在此基础上开展企业创新[①]。西部中小企业生态性创新网络以双向开放形式从周边集聚能量，形成创新网络内外创新资源的合力，以协同机制推动西部中小企业开展自主创新，促进西部中小企业自主创新成长。自改革开放尤其是西部大开发以来，西部地区市场开放程度日益提高，市场体

---

① ［美］亨利·切萨布鲁夫．开放式创新：进行技术创新并从中赢利的新规则［M］．北京：清华大学出版社，2005．

系建设不断完善，对内和对外交流日益活跃，西部中小企业生态性创新网络从构建到运行越来越受到西部乃至全国、全球企业生态性创新网络的影响，开放式创新特征日益显著，创新水平有显著提升，西部地区一些高科技园区，如西安高新技术开发区内的中小企业集群已经成为具有国内甚至国际先进水平的中小企业自主创新高地。

（二）西部地区中小企业生态性创新网络多元性

西部地区中小企业生态性创新网络的多元性主要表现为：第一，作为西部中小企业生态性创新网络核心中小企业既包括大量位于产业链低端的传统中小企业，也包括日益增加的、具有竞争优势的科技型中小企业，以及进入国家重点扶持名录的"专精特新"中小企业。核心中小企业异质性使得西部中小企业生态性创新网络的属性、自主创新水平呈现出较大的差异性。第二，西部中小企业自主创新方式多样，既有长期占多数的非正式自主创新方式，也有日益兴起的正式自主创新，既有传统中小企业的利用式自主创新，也有科技型中小企业的探索式自主创新。第三，西部中小企业生态性创新网络扶持的手段多元化，有政府推动、市场拉动以及政府与市场相结合等多种扶持方式。

（三）西部中小企业生态性创新网络中自然生态因素日益重要

西部中小企业多分布在传统产业中，对自然资源依赖度较高，加之生产方式传统和粗放，对自然生态环境有较大负面影响，与所在地生态环境之间常常存在断裂，给所在地经济可持续发展带来了越来越大的影响，"资源诅咒"现象在西部经济发展中时有表现。长期以来，西部地区水土保持和退耕还林的任务十分艰巨，加上进入高质量发展新阶段之后，随着节能减排、供给侧结构性改革、"双碳"战略目标等一系列战略的实施，自然生态环境规制日趋严格，项目论证中环评标准不断提高，因此，构建西部中小企业生态性创新网络时要更为重视自然生态因素，才能确保中小企业生态性创新网络的可持续性。

三、西部中小企业生态性创新网络结构分析

（一）西部中小企业生态性创新网络构建过程

运用生物学类比，综合企业生态学、网络组织、系统工程、协同学、发展理论、数理统计、计算机仿真等学科的相关原理，我们可以将西部中小企业创新网络生物学类比为西部中小企业生态性创新网络，其构建过程如图 5-2 所示。促进中小企业自主创新成长的内部动力、外部动力和内外动力的组织方式搭载于分布在中小企业内外多平台上，这些平台分布于不同层次，环绕于中小企业或企业集群，形成中小企业创新生态系统，是中小企业自主创新空间。创新生态系统内各组成部分在资金、信息和能量等方面相互反馈，不断优化，产生协同创新效应，形成中小企业自主创新成长动力。

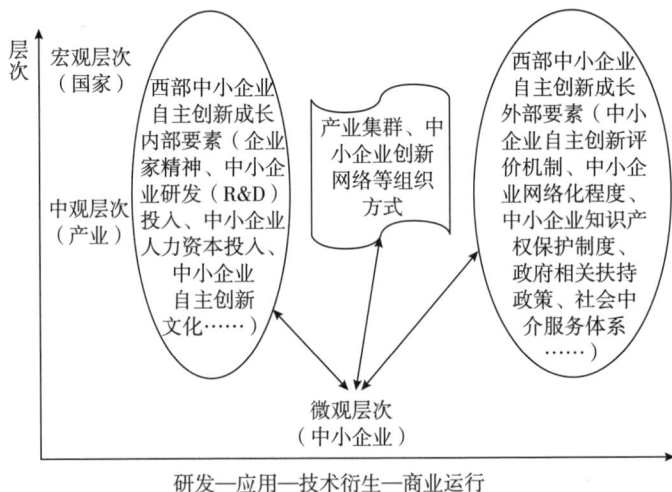

图 5-2　西部中小企业生态性创新网络构建过程示意图

（二）西部中小企业生态性创新网络结构

根据组织设计理论，西部中小企业生态性创新网络的关键因素包括行业、原材料、人力资源、金融资源、市场、技术、经济形势、政府、社会

文化、国际环境等，这些关键因素通过正式的关联和非正式的关联关系，形成多维度、多节点的网络组织。在企业创新网络内，各创新主体通过正式和非正式制度安排进行协同创新。由以上分析可知，西部中小企业创新网络是复杂结构，包含复杂关系，传统的线性分析工具和单向因果关系分析无法对创新网络进行系统和深入分析，无法揭示创新网络中的复杂关系。由于创新网络具有动态复合特征，具有"生态演化特征"，可以利用其创新网络的"生态性"特征，将创新网络生态性诠释为"生态性创新网络"，借用较为成熟的生态网络理论和方法对创新网络进行全面和深入分析。在生物学类比下，综合企业生态学、网络组织、系统工程、协同学、发展理论、数理统计、计算机仿真等学科的相关原理，将构成创新网络的中小企业内外关键创新要素搭载于社会平台、经济平台、技术平台、制度平台、自然生态平台等多平台上，这些平台环绕于中小企业，形成中小企业多维度生态性创新网络。这些平台的高度由平台上创新要素的质量决定，创新要素质量越高，平台高度越高，即生态性创新网络的能级和层级越高。在不同高度上，形成中小企业创新网络的创新生态位，是中小企业/中小企业集群的创新空间。

多个企业生态位紧密结合，表示不同层次的企业创新空间相互作用，构成中小企业生态性创新网络。该网络各节点之间的要素能够根据节点的势能在节点间流动，影响网络结点的饱和度、形成网络结构洞，所以中小企业生态性创新网络是"流网络"，网络节点之间是合作、共生和合作竞争关系，当某一节点上企业自主创新能力强大时，会吸引其他自主创新能力较弱的网络节点上的创新资源，导致企业创新网络发生重组和演化。中小企业生态性创新网络节点结构如图5-3所示。

图5-3清楚表明中小企业生态性创新网络节点是以单个中小企业/中小企业集群及其创新空间的社会、经济、技术、制度和自然生态五个网络型子系统相互作用博弈而成的动态复合网络系统，这个复合网络系统的边界是模糊的，创新要素可以在网络节点内部的各维度之间和网络节点之间灵活流动。

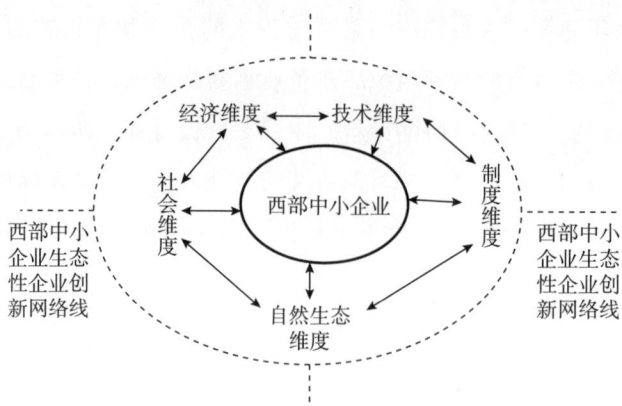

图 5-3 中小企业生态性创新网络结构示意图

（三）西部中小企业生态性创新网络演化

西部中小企业生态性创新网络内的多个网络节点是紧密结合的，表示多个中小企业自主创新单元相互作用，构成西部中小企业生态性创新网络。该网络各节点之间的要素能够根据结点的势能在节点间流动，影响网络节点的饱和度、形成网络结构洞，所以西部中小企业生态性创新网络是"流网络"，网络节点之间是合作、共生和合作竞争关系，当某一节点上企业自主创新能力强大时，会吸引其他自主创新能力较弱的网络节点上的创新资源，中小企业创新网络发生重组和演化，如图5-4所示。

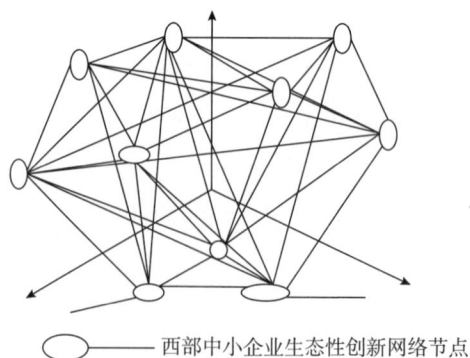

——西部中小企业生态性创新网络节点

图 5-4 西部中小企业生态性创新网络演化示意图

将西部中小企业创新网络以生物学类比为西部中小企业生态性创新网络，是发挥生物学类比法在中小企业自主创新成长研究中的作用的表现，也是西部中小企业生态性自主创新成长理论的重要内容之一。

第四节 西部中小企业生态性自主创新成长动力理论

西部中小企业生态性创新网络是多层次复合网络体系。在西部中小企业生态性创新网络内，不同层次的势能变化推动自主创新要素在西部中小企业创新网络内各维度之间流动，造成西部中小企业生态性创新网络不同层次的饱和度不断变化。当某一层次上的网络势能强大时，形成西部中小企业生态性自主创新成长的水平动力，吸引新的中小企业自主创新资源流入，使该层次协同演化，形成西部中小企业生态性自主创新成长的垂直动力，促进企业创新网络实现向更高层次移动。西部中小企业生态性自主创新成长的水平动力和垂直动力形成合力，促进西部中小企业生态性自主创新成长。

一、西部中小企业生态性自主创新成长动力的划分

西部中小企业自主创新成长是一个过程，包括非突破性自主创新成长和突破性自主创新成长两阶段。西部中小企业生态性自主创新成长相应地可以划分为西部中小企业非突破性的生态性自主创新成长阶段和突破性的生态性自主创新成长阶段，这两个阶段是前后衔接和周而复始的。这两个阶段在中小企业生态性自主创新成长中是相辅相成的：非突破性的生态性自主创新成长是突破性的生态性自主创新成长的基础，突破性的生态性自主创新成长是非突破性的生态性自主创新成长的目标。西部中小企业通过非突破性的生态性自主创新成长不断由小变大，不断量变成长，表现为了

西部中小企业生态性自主创新成长的规模性，即西部中小企业通过自主创新实现生产规模的巩固和扩张；西部中小企业通过突破性的自主创新成长不断提高核心竞争力，由弱变强，实现质变成长，表现为西部中小企业生态性自主创新成长的质量性。简而言之，自主创新对西部中小企业成长的推动表现为先是推动西部中小企业获得规模性，实现规模的巩固和扩张，在此基础上推动西部中小企业获得可持续性，实现自身核心竞争力的不断提高，于是，西部中小企业自主创新成长动力就划分为西部中小企业生产的水平动力（实现规模扩张）和西部中小企业自主创新成长的垂直动力（实现成长的可持续性）两大类。

二、西部中小企业生态性创新网络优化与中小企业自主创新成长①

（一）中小企业创新网络优化的内容

中小企业创新网络优化是指企业创新网络通过互惠共生和协同演进实现结构的合理化和高度化，不断提高中小企业自主创新成长动力的输出能力，满足中小企业自主创新成长的需要。

1. 中小企业创新网络合理化

在企业非突破性的自主创新成长阶段，通过政府推动、市场拉动以及中小企业自身能动等多方作用，中小企业创新网络不断从其所处的中小企业成长环境中吸纳自主创新资源，并且不断提高创新资源集聚水平，推动中小企业规模扩张。

2. 中小企业创新网络高级化

在中小企业突破性自主创新成长阶段，中小企业创新网络通过协同演进机制产生中小企业自主创新溢出效应，提高企业竞争力，形成源源不断的西部中小企业创新成长动力。

（二）西部中小企业生态性创新网络优化

西部中小企业创新网络优化可以用生物学类比为西部中小企业生态性

---

① 覃巍. 企业创新成长战略研究：基于企业生态性创新网络优化视角 [J]. 企业经济，2019（01）：45.

创新网络优化，包括对合理化和高级化两方面的生物学类比：第一，西部中小企业生态性创新网络合理化。以生物学中表示生物单元累积状态的"态"来类比西部中小企业创新网络合理化的状态。中小企业生态性创新网络合理化即为中小企业生态性创新网络形成了互惠共生的"态"。第二，西部中小企业生态性创新网络高级化。以生物学中表示协同演进的"势"来类比西部中小企业创新网络高级化状态，西部中小企业生态性创新网络高级化即为中小企业生态性创新网络形成了协同演进的"势"。"态"是西部中小企业自主创新成长的基础，"势"是西部中小企业自主创新成长的目标和路径。西部中小企业通过其生态性创新网络"态"和"势"的相互作用，完成中小企业自主创新资源的吸纳和整合，产生自主创新溢出效应，形成西部中小企业自主创新成长动力，在规模扩张和质量提升两方面不断促进西部中小企业成长。

三、西部中小企业生态性自主创新成长动力结构分析①

根据前文分析，西部中小企业生态性创新网络优化所包括的合理化和高级化两个有机衔接的阶段分别产生了西部中小企业生态性自主创新成长的水平动力和西部中小企业生态性自主创新成长的垂直动力。

（一）西部中小企业生态性自主创新成长的水平动力产生机理分析

由于西部中小企业商业生态系统中的各个企业生态位上分布有众多的中小企业和中小企业创新网络，面对有限的中小企业自主创新资源，西部中小企业生态性创新网络之间只有形成互惠共生关系，共享中小企业自主创新资源，才能产生西部中小企业生态性在创新成长的水平动力。可以运用生物学中描述在环境容量有限的情况下，不同生物种群实现连续增长，达成共生现象的 Logistic 关系来类比分析中小企业生态性创新网络合理化产生中小企业生态性自主创新成长水平动力，实现规模扩张的逻辑机理。

---

① 覃巍. 企业创新成长战略研究：基于企业生态性创新网络优化视角［J］. 企业经济，2019（01）：43-49.

根据 Logistic 关系，西部中小企业生态性创新网络的合理化可以表示为对中小企业自主创新资源拥有量的增加，是一个渐进的过程，遵循 S 形路径，即：

$$\frac{dN}{dt} = rN\left(1 - \frac{N}{K}\right) \tag{5-1}$$

其中，N 表示西部中小企业能拥有的自主创新资源数量；t 表示实现西部中小企业生态性创新网络合理化的时间；K 表示在一定时间和空间内中小企业自主创新资源量；r 表示西部中小企业规模增长速率；$\left(1 - \frac{N}{K}\right)$ 表示随着中小企业自主创新资源不断被不同西部中小企业拥有，中小企业商业生态系统中剩余的可利用的中小企业自主创新资源逐步减少；$r\left(1 - \frac{N}{K}\right)$ 表示随着拥有的中小企业自主创新资源的增加，西部中小企业规模得以巩固和扩张。

当西部中小企业实现其生态性创新网络合理化时，西部中小企业处于规模报酬不变状态，此时，$rN\left(1 - \frac{N}{K}\right) = O$，即 N = K。

由于西部中小企业数量众多，西部中小企业生态性创新网络优化是一个多方决策过程。不失一般性，我们可以先假设位于西部中小企业商业生态系统内的某一企业生态位上有两家中小企业，即中小企业 X 和中小企业 Y。中小企业 X 与中小企业 Y 在企业生态位上获取有限中小企业自主创新资源时，一方面，彼此之间的对抗性竞争会产生负的外部性效益；另一方面，彼此之间通过合作竞争会产生学习效应等正的外部性，最终这两个中小企业之间要保持合作竞争才能有效确保各自能够顺利实现中小企业生态性创新网络合理化。两家中小企业从对抗竞争到合作竞争的过程分析如下：

第一，如果不同中小企业在中小企业商业生态系统内的同一企业生态位上通过对抗性竞争争夺自主创新资源，往往容易激化为恶性竞争，产生一系列负外部性而带来负效益；如果不同中小企业采用合作式竞争共享自主创新资源，往往会产生学习效应等正的外部性而带来正效益。用 a_1 表示中小企业 Y 对中小企业 X 产生的负效益系数，用 a_2 表示中小企业 X 对中小企业 Y 产生的负效益系数；用 b_1 表示中小企业 Y 对中小企业 X 产生的正效益系数，用 b_2 表示中小企业 X 对中小企业 Y 产生的正效益系数。其中 a_1，a_2，b_1，b_2 分布在〔0，1〕。

第二，中小企业的生态性创新网络对中小企业商业生态系统内自主创新资源的拥有路径遵从 Logistic 规律。对中小企业 X 而言，如果与中小企业 Y 之间是负外部效益，中小企业 X 的生态性创新网络能利用的创新资源就减少，中小企业 X 自主创新成长成本加大；反之，如果是正的外部效益，由于是创新资源共享，中小企业 X 生态性创新网络实际能够利用的创新资源会增加，将会进一步夯实中小企业 X 自主创新成长的基础。中小企业生态性创新网络合理化可以说是正负外部效益彼此作用的结果。

于是，中小企业 X 生态性自主创新成长的水平动力模型可表示为：

$$\frac{dN_x(t)}{dt} = r_x N_x \left| \frac{K_x - N_x - a_1 N_y + b_1 N_y}{K_x} \right| \tag{5-2}$$

同理，中小企业 Y 的生态性自主创新成长水平动力模型可表示为：

$$\frac{dN_y(t)}{dt} = r_y N_y \left| \frac{K_y - N_y - a_2 N_x + b_2 N_x}{K_y} \right| \tag{5-3}$$

扩大到 n 个中小企业情况，西部中小企业生态性创新网络合理化形成西部中小企业生态性自主创新成长的水平动力模型可表示为：

$$EN_r = \frac{dN_i(t)}{dt} = r_i N_i \left| \frac{K_i - N_i - \left(\sum_{j=1}^{n} |a_{ij} - b_{ij}| \right) N_j}{K_j} \right| \quad i, j = 1, 2, 3, \cdots, n$$

$$\tag{5-4}$$

当 $\frac{dN_i(t)}{dt} \geq 0$ 时，表示中小企业生态性创新网络合理化得以实现，产生了西部中小企业生态性自主创新成长的水平动力。

（二）西部中小企业生态性自主创新成长垂直动力产生机理分析

根据以上分析，西部中小企业生态性创新网络高级化是以中小企业生态性创新网络合理化为基础，以协同演进机制完成。西部中小企业生态性创新网络高级化对西部中小企业自主创新成长的促进表现为西部中小企业整合其生态性创新网络拥有的自主创新资源，同时不断与中小企业自主创新成长的内、外部环境进行物质、能量、信息和价值等的正负反馈，协同演进，产生自主创新溢出效应，形成中小企业自主创新成长的垂直动力，提升西部中小企业质量。

西部中小企业生态性创新网络高级化是一个非线性高阶的、连续时变过程，是一系列表示企业自主成长速率指标的集合。西部中小企业生态性自主创新成长要素包括西部中小企业自主创新成长的内部要素和外部要素[①]，可以概括为协同能力、技术创新、制度、人力资本、企业家精神、金融资源、市场权力。这些创新要素彼此之间相互作用，相互协作，促进西部中小企业跃升至中小企业生态性创新网络体系内更高层次。由于中小企业自主创新要素彼此有不同的特性，在西部中小企业生态性自主创新成长中表现出不同的运动速率，存在振荡延迟性，我们可通过建立起如下社会系统动力学速率方程对中小企业生态性创新网络高级化进行分析：

$$\frac{dS}{dt} = -\gamma S + \beta(T, I, H, C, M) + F \tag{5-5}$$

其中，S、T、I、H、C、M 分别表示西部中小企业生态性创新网络所包含的中小企业自主创新成长要素的综合表现：协同能力、技术创新、制度、人力资本、金融资源、市场权力；γ 表示西部中小企业生态性创新网络高级化的协同能力变化率与其原有协同能力的关系；β 表示在西部中小企业随机涨落外力对西部中小企业生态性创新网络高级化要素 T、I、H、C、M 之间协同作用的影响下，西部中小企业生态性创新网络协同能力 S 的变化；F 表示对西部中小企业生态性创新网络高级化能力变化影响的西部中小企业外部环境；t 表示西部中小企业生态性创新网络优化持续时间。

---

① 第三章对西部中小企业自主创新成长要素进行了分析。

由式（5-5）可知，西部中小企业生态性创新网络高级化的方向、速度和水平总体上取决于西部中小企业生态性创新网络高级化能力的状态、高级化的关键要素，以及西部中小企业外部自主创新成长环境的随机涨落因素。

西部中小企业生态性创新网络在高级化过程中，中小企业生态性创新网络内的协同演化和中小企业生态性创新网络与外部环境之间的相互作用的并不同步，这种不同步使得中小企业生态性创新网络高级化是非线性变化，促成了西部中小企业生态性创新网络高级化过程和方向有序性。由于西部中小企业生态性创新网络高级化和西部中小企业生态性创新网络合理化是前后衔接，周而复始的，因此中小企业生态性创新网络优化产生中小企业生态性自主创新成长动力是一个振荡过程，我们可以将西部中小企业生态性创新网络高级化视为一个复杂的二阶系统。为全面反映非线性的中小企业生态性创新网络高级化，我们可以将式（5-5）改写成以下形式：

$$\frac{dS}{dt} = (-\gamma + g)S - \beta S^3 + F \qquad (5-6)$$

其中，γ 表示西部中小企业生态性创新网络高级化能力的变化率与原有高级化能力状态的关系；g 表示促进西部中小企业生态性创新网络高级化的控制参量；$-\beta S^3$ 表示西部中小企业生态性创新网络高级化能力的复杂性、非线性和高阶性；F 表示中小企业商业生态系统随机涨落外力对西部中小企业生态性创新网络高级化能力变化的影响。式（5-6）为西部中小企业生态性创新网络高级化形成西部中小企业生态性自主创新成长垂直动力模型，即：

$$EN_h = \frac{dS}{dt} = (-\gamma + g)S - \beta S^3 + F \qquad (5-7)$$

西部中小企业生态性自主创新成长的水平动力和垂直动力形成合力，即为西部中小企业生态性自主创新成长动力，可以表示如下：

$$\begin{cases} EN_r = \dfrac{dN_i(t)}{dt} = r_i N_i \left| \dfrac{K_i - N_i - \left(\sum\limits_{j=1}^{n} |a_{ij} - b_{ij}| \right) N_j}{K_j} \right| \\ \qquad\text{——西部中小企业生态性自主创新成长水平动力} \\ EN_h = \dfrac{dS}{dt} = (-\gamma + g)S - \beta S^3 + F \\ \qquad\text{——西部中小企业生态性自主创新成长垂直动力} \end{cases}$$

西部中小企业生态性创新网络优化促进西部中小企业生态性自主创新成长的机理和路径如图 5-5 所示。

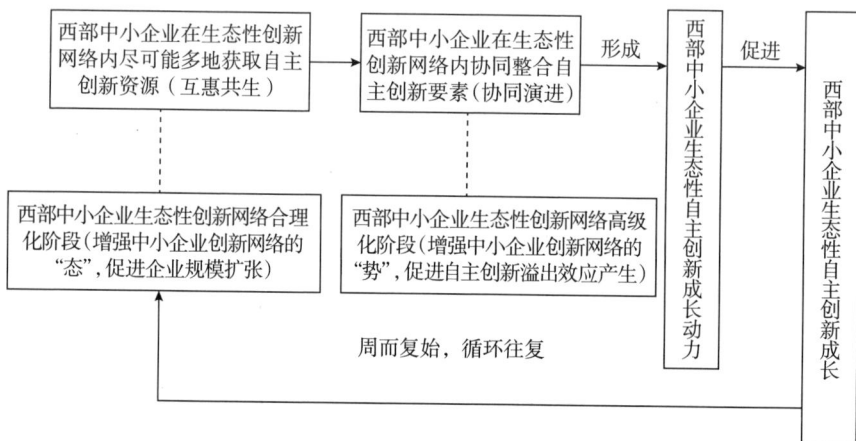

图 5-5 企业生态性创新网络优化促进西部中小企业自主创新成长示意图

第五节 西部中小企业生态性创新网络治理理论

西部中小企业生态性创新网络在构建和运行的过程中要考虑到社会文化、经济与政治形势、自然生态环境、相关行业动态、技术与要素、市场等多方面因素，较之东部中小企业和大型企业的生态性创新网络，西部中小企业生态性创新网络的组织化程度低、核心中小企业自主创新水平不高，与其他自主创新主体联结不紧密，互惠共生关系还不顺畅，协同演进机制还不健全，与自然环境的和谐度还需要提升，这些造成西部中小企业生态性创新网络的质量还不高，中小企业生态性自主创新成长动力的生成效率还不理想。为了提高西部中小企业生态性创新网络生成西部中小企业生态性自主创新成长动力的效率，需要因地制宜开展西部中小企业生态性创新网络治理，构建西部中小企业生态性创新网络治理理论。

一、西部中小企业生态性创新网络治理目标

网络治理（Network Governance）是超越传统的科层治理和市场治理两分法的一种治理形式。网络治理的目标在于维护网络结构，协调网络中的各类关系，使网络能够在多变的环境中能够保持稳定。西部中小企业生态性创新网络治理是为产生中小企业生态性自主创新成长动力，以政府监管和扶持为主，政府与市场相结合，通过合作、协调、相互联系等方式，统筹协同中小企业生态性创新网络中核心中小企业与其他创新利益相关者的关系，互惠共生，形成稳定的协同创新机制，提升西部中小企业生态性创新网络的质量，增强西部中小企业生态性创新网络产生西部中小企业生态性自主创新成长动力的效率。

西部中小企业生态性自主创新网络治理需要深入西部中小企业生态性自主创新成长过程，从西部中小企业生态性创新网络的结构和运行机制入手，通过治理形成具有互惠共生结构特征的、以协同演进机制运行的西部中小企业生态性创新网络。西部中小企业生态性创新网络的治理目标可以概括为结构治理目标、关系治理目标和过程治理目标。

（一）西部中小企业生态性创新网络结构治理目标

西部中小企业生态性创新网络结构治理目标是形成西部中小企业生态性创新网络的互惠共生的产学研用一体化结构，表现为西部中小企业生态性创新网络内各创新利益相关者能形成完整的产业链和价值链，形成价值共创和共享的互惠共生关系，以产学研一体化形式贯穿从创意到形成产品、从产品到商品一系列环节，推动中小企业生态性自主创新水平动力的产生。

（二）西部中小企业生态性创新网络关系治理目标

西部中小企业生态性创新网络关系治理的目标是形成西部中小企业生态性创新网络的协同演化机制，即西部中小企业生态性创新网络内，核心中小企业与各中小企业生态性自主创新利益相关者在中小企业生态性创新网络的运行中、自主创新活动中形成有效的协同演进机制，提高西部中小企业生态性创新网络的协同创新能力，推动西部中小企业生态性自主创新成长垂直动力的产生。

（三）西部中小企业生态性创新网络过程治理目标

西部中小企业生态性创新网络过程治理的目标是在西部中小企业生态性创新网络优化过程中，通过政府公共政策和公共服务的推动、产品市场和要素市场的拉动，以提高中小企业生态性创新网络合理化和高级化的效率，推动西部中小企业生态性自主创新成长的水平动力和垂直动力并形成合力，从而提高西部中小企业生态性自主创新成长动力生成效率。

二、西部中小企业生态性创新网络治理框架

经典的网络治理框架是建立在 Williamson（1979）的三重维度的基础之上，即不确定性需求、资产专用性与交易频率的交易框架的基础之上，以交易费用经济学为重要的理论分析工具。随后，Jones 等（1997）拓展交易费用经济学理论，将三重维度拓展为资产专用性、交易频率、环境不确定性与任务复杂性这四重维度。西部中小企业生态性自主创新网络治理的框架，可以借鉴一般网络治理框架的经典范式，同时结合西部地区、中小企业、生态性自主创新成长等反映西部中小企业生态性创新网络特征和属性的关键因素，将西部中小企业生态性创新网络治理聚焦在西部中小企业创新网络互惠共生结构生成、协同演化机制形成以及成长动力形成三大方面，通过自主创新资产、网络成员互动、自主创新环境变化以及自主创

新任务的多样性互动四位一体整合而成西部中小企业生态性创新网络治理机制，形成以下西部地区中小企业协同创新网络治理分析的一般框架。如图 5-6 所示。

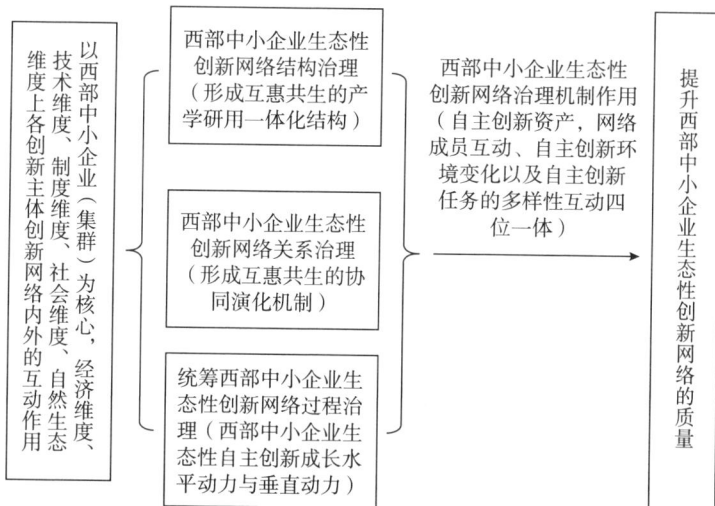

图 5-6 西部中小企业生态性创新网络治理的一般框架

综上所述，西部中小企业生态性自主创新成长一般理论框架结构如图5-7 所示。

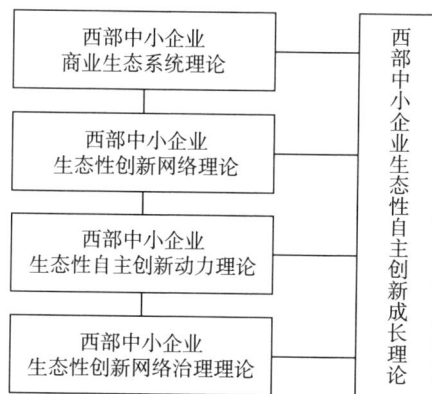

图 5-7 西部中小企业生态性自主创新成长一般理论框架

第六章　中国中小企业自主创新成长的现实背景

第一节　中国民营经济发展[①]

民营经济是中国经济的重要组成部分，是全面建设社会主义现代化国家的重要力量。《中共中央国务院关于促进民营经济发展壮大的意见》指出，要"引导民营企业通过自身改革发展、合规经营、转型升级不断提升发展质量，促进民营经济做大做优做强"[②]。中小企业是民营经济基本的生产经营单位，民营经济是中小企业自主创新成长的丰厚"土壤"，是中小企业自主创新成长的坚实基础。

一、改革开放以来中国民营经济发展的典型模式

民营经济在中国的发展历史悠久，不同时期的民营经济发展各具特色。20世纪70年代末到80年代初的改革开放大潮催生出了中国新一代

---

① 史晋川，郎金焕. 中国的民营经济与区域经济发展［J］. 山东大学学报（哲学社会科学版），2018（01）：7-17.

② 资料来源：《中共中央国务院关于促进民营经济发展壮大的意见》（2023年7月14日）。

民营经济。在地理、经济、政治、文化等多种因素综合作用下，中国新一代民营经济逐步形成了温州模式、苏南模式和珠三角模式三大典型发展模式。在三大民营经济发展典型模式内，中小企业自主创新成长各具特色。随着改革开放不断深入，在国内外政治经济形势冲击下，中国民营经济发展的三大典型模式不断演变和发展。

（一）温州模式及其演进——"小商品+国内外大市场"模式

温州模式是指兴起于浙江省东南部的温州地区的，以"小商品、大市场"为特征的民营经济发展模式。改革开放初期，温州借助改革开放春风，在市场经济建设中敢为人先，形成了享誉全国的民营经济的温州模式。温州模式中的"小商品"是指生产规模、技术含量和运输成本都较低的商品；"大市场"是指建立起遍布全国市场的网络。在温州模式下，中小企业的生产和经营大都以家庭为单位，表现出极强的市场意识[①]。

温州模式的兴起后，很快扩展至浙江全省，推动了全省民营经济迅速发展，民营经济成为浙江经济增长的重要推动力，浙江自20世纪90年代以来一直是中国经济增长最快的省份之一。温州模式在发展过程中也逐步显示出其不足：温州的民营经济是依靠"以商带工"，主要依靠地缘、血缘、亲缘等关系进行生产和经营，长期不能与人才、资金和技术等正规要素市场对接，"灰色经济"色彩较为浓厚，导致早期温州模式的社会形象不理想。政府在温州模式形成和发展的过程之中，"有为"作用发挥不够，大多是扮演"无为者"角色，因此温州的地方政府常常要遭受诸如放任私营经济比重过高之类的指责。

加入WTO后，中国进一步融入世界市场，温州模式中的"大市场"拓展到国际市场，以温州模式为代表的浙江民营经济把发展重点放在市场范围的拓展上，将眼光由国内市场转向国际市场，演进为"小商品+国际大市场"模式。除了线下市场，以杭州阿里巴巴为代表的民营经济还以

---

① 著名社会学家费孝通先生从1986年开始，多次前往温州调查并撰文解读温州经济发展情况，这是学术界和经济界广为探讨的"温州模式"的由来。

新一代信息技术为手段，开拓"网上市场"，探索第二条市场结构调整路径，虽然这些变化丰富了"小商品、大市场"的内涵和形式，但总的来说只是探索扩大市场范围，属于民营经济数量和规模的扩张，对消费升级引发产业结构转型升级的民营经济质量提高关注得不够。

温州模式是基于自我积累、自我发展的民营经济发展之路，民营经济中的中小企业成长主要依靠温州发达的市场体系，依靠温州传统商业文化、灵活的企业制度，当然，最重要的还是依靠勤劳的创业者，而政府在民营经济中起到间接的、辅助性的作用。这种模式对于我国大部分地区的民营经济发展来说，具有普遍启示意义。

（二）苏南模式及其演变——"乡镇企业（工业化）+政府+市场化"模式

苏南模式是指江苏省南部的苏州、无锡、常州等地通过发展乡镇企业实现民营经济发展的模式①。苏南模式的主要特点是：在民营经济兴起的过程中，先是农民在政府主导下，发展以集体经济为主的乡镇企业。在民营经济发展过程中，遵守市场经济规律，主要表现为"乡镇企业（工业化）+政府+市场化"。苏南模式是以发展乡镇企业为起点，是因为苏州、无锡、常州三市所辖的地区有着悠久的开发历史，由于耕地有限，人口稠密，大量的剩余劳动力为苏南农村较早兴办乡镇企业提供了员工支持；苏南地区农村的商品经济意识较强，为苏南乡镇企业发展奠定了社会基础；苏南地区与上海、苏锡常等发达城市邻近，更容易获得资金、技术和人才的支持，与人才、资金和技术等要素市场的衔接较为顺畅。在苏南模式中，政府起到了积极的作用，如在乡镇企业发展中，往往是由政府组织筹集土地、资本和劳动力等生产资料，由政府指定经营管理方面的能人担任乡镇企业负责人。这种组织方式能快速集聚社会闲散资本，发挥能人经济的作用，苏南的民营经济很快跨越了资本原始积累阶段，发展水平在全国

---

① "苏南模式"的概念最早见于费孝通先生 1984 年发表于《瞭望周刊》的《小城镇·再探索》系列文章。

保持领先地位。

苏南模式很快扩展到江苏全省。从 20 世纪 80 年代开始，江苏民营经济走上了"大商品、大市场、大政府"之路，推动江苏经济成为全国经济强省。苏南模式在发展中也存在一些问题，比如政府大包大揽下，地方政府之间为了突出政绩在招商引资时往往相互内斗，造成大量经济利润流向外资。1997 年后，东南亚金融危机的爆发促使了国家出台一系列扩大内需的政策，江苏民营经济的发展重点由 1997 年前的"乡镇企业+外向型经济"转向挖掘内部潜力，主要表现为通过深化改革，发掘和调动现有经济存量中的发展潜力，促进民营经济实现增量跨越。在此转变下，江苏在全省范围启动集体乡镇企业大规模改制，逐渐淡化政府的作用，强调市场的作用，加快向现代企业制度转变，在一系列改革的推动下，苏南地区的乡镇企业逐渐改变了政府大包大揽的企业管理传统，逐步形成了现代公司治理结构，逐步建立起了产权清晰、权责分明、政企分开、管理科学的现代企业制度。

（三）民营经济的珠三角模式——外向型的快速工业化模式

珠三角模式指自改革开放以来，珠江流域中以广州、深圳等地区为代表的民营经济，发挥紧靠港澳和与海外联系紧密的优势，积极发展外向型经济，大力引进外资企业，加快工业化进程的外向型民营经济发展模式。自 20 世纪 80 年代中期国家批准成立珠江三角洲经济开发区后，大量香港、澳门的制造业企业开始转移到珠三角东部地区的东莞、宝安（现深圳宝安区）等地生产，当地不少乡镇企业很快发现"三来一补"[①] 是与国外资本和海外市场对接的便捷途径，于是纷纷与从港澳转移来的企业合作，很快形成了具有明显外向型特征的珠三角民营经济模式。1997 年东南亚金融危机、2008 年国际金融危机都导致了来自海外订单数量急速下滑，珠三角一些地方出现了不同程度的外向型企业和跨国企业的"关门潮"和"搬迁潮"。在发展中，珠三角民营模式面临着两个挑战：一个挑

---

① 指来料加工、来样加工、来件装配和补偿贸易。

战是在实现工业化的过程中，产业结构都会经历一个由劳动密集型产业结构向资本密集型结构转变，再向技术密集型产业结构转变的过程，中小企业转型升级压力较大；另一个挑战是珠三角的加工贸易出口额比重偏高，研发与销售环节被海外掌握，核心技术大多不在当地中小企业手中，当地中小企业缺乏核心竞争力，只能靠赚取少量的加工费盈利，难以承受劳动力成本上升的压力①。为应对这些挑战，深圳等地 1997 年起开始实施科教兴市的二次创业，随后华为、腾讯等本土企业开始探索自主开发和自主创新。

二、民营经济可持续成长要依靠自主创新

2008 年金融危机之后，经济发展进入新常态，全球市场疲软、劳动力成本显著上升，传统仅依靠扩大产能的成长模式已经无法适应国内外新的经济形势，自主创新驱动发展成为中国民营经济的普遍共识。由于成长的起点和成长历程不同，中国民营经济三大模式实现自主创新的方式各不相同，各具特色，其中，温州模式下民营经济的自主创新是以政府放权和自我突破为主，走的是内生式自主创新之路；苏南模式下民营经济的自主创新是以政府推动和对外引进科技为主，走的是外生式的科技型自主创新之路；以深圳为代表的珠三角模式民营经济的自主创新是以市场主导的自主创新为主，走的是内生式的科技型自主创新之路。在民营经济自主创新实践中，出现的越来越明显的趋势是除了自主创新模式不同造成的产品种类和目标市场不同，中国民营经济三大模式在自主创新在产品市场、要素市场、企业治理结构以及政商关系等方面表现出了殊途同归之势，并在趋同中开始共同面对一些具有共性特征的制度障碍，如在产业准入及产品市场方面，民营企业仍然没有获得和国有企业平等对待、平等竞争的地位；在要素市场及融资方面，尽管民营企业在直接和间接融资、科技资源市场化获取等方面存在的困境已经有所缓解，但是中小企业融资难、融资贵的

---

① 宋林飞. 中国"三大模式"的创新与未来［J］. 南京社会科学，2009（01）：1-6.

问题仍未得到很好解决；在营商环境方面，还需要努力建设促进民营经济健康发展的营商环境。

第二节　中国企业创新①

一、改革开放以来的中国企业创新

企业是中国经济的"细胞"。改革开放以来，中国企业走的是制度创新引领，技术创新推动，技术创新与制度创新有机融合的企业创新之路，取得了明显的成效，也存在值得改进之处。按时间划分，中国企业创新历程大致包括以下四个阶段：

（一）1978~1988 年

这一阶段是中国改革开放的兴起期，是努力学习、克服短缺的阶段。改革开放初期，国民经济发展陷入困境，经济发展的主要任务是发展生产，保障供给。在这一阶段中，国家政策的重点是通过改革开放、改革产权制度、调整产业结构、以多种方式激发市场活力等一系列措施，解放和发展生产力。在国家政策的鼓励下，企业纷纷进行承包制改革，建立起了生产责任制，企业的生产效率和经济效益显著提高。由于企业创新具有长周期性，而这一时期理论和实践的重点在于如何恢复和发展生产，所以这一时期企业的创新以模仿创新和非突破性创新这类"短平快"的创新为主。

（二）1989~1998 年

这一阶段是引进消化，完善提高阶段。在这个阶段，国家经济发展的重点是大力发展外向型经济。在此发展重点下，企业创新采用的是发挥创

---

① 李垣，魏泽龙．中国企业创新 40 年［J］．科研管理，2019，40（06）：1-8.

新要素成本较低的优势，引进和消化国外技术，特别是生产技术来实现企业创新，并且在引进技术的基础上，迅速扩大生产规模，生产出大量在海外市场上具有价格优势的产品以扩大出口。随着市场化改革的深入，企业运营的市场化导向进一步增强，在企业创新方面，核心技术研发问题开始得到关注。国家制定和颁布了一系列鼓励高新技术企业发展的政策和措施，中国企业创新进入了转型升级阶段。在此阶段内，互联网产业开始迅猛发展，以"互联网+"为代表的新型创新对企业创新产生了重大影响。此阶段还经历了企业改制、国有企业改革等制度创新实践。伴随技术引进和国有企业改革的深入，国内理论界开始全面关注现代创新理论的研究，开始从零星的引入和借鉴探讨转向系统和深入研究，逐渐形成了引进、消化、吸收、再创新的中国式创新理论和实证研究范式。

（三）1999～2008 年

这一阶段是加快探索，奋起追赶阶段。1998 年爆发的亚洲金融危机对中国对外贸易影响很大。2001 年 11 月 11 日，中国正式加入 WTO，极大扩展了中国企业的市场空间，劳动密集和资源密集优势使得"中国制造"在国际市场上大放异彩。与此同时，自主创新不足与缺乏核心技术使得中国企业在国际产业链和价值链中被低端锁定，给中国经济发展带来了很大压力。因此，应突破产业链和价值链的低端锁定，推动企业转型升级的呼声越来越高。这个时期国家出台了许多大力推动企业自主创新的相关政策。在国家政策的鼓励下，众多企业包括民营企业开始探索企业自主创新之路，自主创新开始为理论界和实际工作部门关注。

（四）2009 年以来

2009 年后，企业创新进入了加速自主创新和不断实现创新突破的新阶段。2008 年金融危机、经济发展进入新常态、中美贸易战爆发等一连串事件冲击下，国际产业链、价值链和创新链出现了较为明显的解构和重组的趋势，世界产业链的短链化给缺乏核心技术和处于产业链低端的中国企业带来的困扰日益明显，企业可持续成长遇到了绕不过去的障碍，企业切实关注如何通过自主创新掌握核心技术、实现创新突破、提高核心竞争力、实现可持续成长。自主创新、企业创新网络、企业创新生态系统（网络）等促进企业自主创新成长的理论研究和实践探索理论界和实际工作部门关注的焦点。随着中国互联网产业的迅速增长，大数据、人工智能产业迅速崛起，中国数字经济发展取得了举世瞩目的成就，数字经济所产生的新产业、新业态和新商业模式等给企业自主创新成长带来了"换道超车"的机遇，如何在数字经济时代促进企业自主创新成长将成为企业自主创新成长问题研究的新方向。

二、中国企业创新的特点

回顾改革开放以来中国企业创新历程，中国企业创新的特点主要表现在以下几方面：第一，企业创新水平显著提高，但长期存在明显短板。随着改革开放的不断深入，中国企业创新水平显著提高，与国际先进企业的差距不断缩小，但一直存在关键技术创新能力不足，缺乏核心技术的短板，"卡脖子"技术使得中国企业在世界产业链和价值链上长期处于低端锁定，给中国企业可持续成长带来了很大的困扰，这在遭遇国际技术封锁时表现得明显。第二，企业创新持续提升了企业效益和提升了产业竞争力，但企业创新整体质量仍有待提高。企业创新的市场导向不明显，尤其是高端市场导向不明显，企业创新成果多集中在低端技术创新上，企业的竞争优势大多依靠应用型创新实现，自主创新水平不高，属于短期竞争优势，自主创新水平较高的探索式创新开展不足，企业缺乏长期竞争优势，成长后劲不足。第三，企业的组织创新和制度创新有优势。与技术创新相比，中国企业在组织创新和制度创新方面表现出明显的优势，创造出许多符合中国国情的企业组织和企业管理制度，极大地推动了企业成长。这种优势将延伸至数字经济时代，对建立全方位、覆盖多种企业创新类型的创新生态体系将产生积极作用。

第三节　新中国成立后中小企业发展历程①

一、中小企业发展阶段

作为中小企业的前身，手工作坊在中国长期存在。新中国成立之后，中国中小企业成长进入了新时期，伴随中国特色社会主义市场经济建设的进程，中国中小企业历经了"休养生息—压制—调整—发展—再压制—放开和促进"的波浪式发展历程，改革开放以来更是取得了长足进展，大致经历了以下几个阶段：

（一）第一阶段：中小企业调整发展时期

该时期是指 1949 年至 20 世纪 50 年代初。在新中国成立初期，以私营中小企业为主体的个体经济是中国经济的主体，其产值占到了国内工农业总产值的 90% 左右。为恢复和发展国民经济，国家采取了一系列大力扶持私营中小企业的政策和措施，主要包括政府扩大对私营企业的加工订货和产品收购、适当收缩部分国有商业企业的营业范围以确保私营企业能够保留较大的发展空间、适当调整和减少私营企业的税收以减轻私营企业负担、银行扩大给予私营企业的贷款额度、适当放宽对私营企业经营范围的限制、纠正劳方在工资等方面某些过高要求以确保私营企业的生产和经营成本不至于过高。经调整发展，这一时期私营中小企业得到了较快的恢复和发展，中小企业占绝对多数的私营企业 1952 年比 1949 年增加了 26 万户，增幅达 21.6%，工业产值增加了 54.2%。

（二）第二阶段：中小企业曲折发展时期

该时期是指 20 世纪 50 年代中期至 70 年代中期。经过调整发展阶段

---

① 陈芹．突破桎梏——中小企业自主创新的理论、策略与实践 [M]．成都：西南财经大学出版社，2021．

后，中央提出和实施了"向社会主义时期过渡"的总路线，对私营中小企业实行公私合营，对手工业实行合作化，大力发展国有中小企业。经过工商业改造，中国中小企业在 1956 年上半年绝大部分实现了国有化，中小企业的所有制结构发生了深刻变化。与此同时，各产业中出现了将中小企业合并成立专业公司的现象，中小企业数量有所减少。"一五"期间，中小企业在企业中的比重进一步降低。20 世纪 50 年代末出现"全民大办企业"的群众性运动，地方中小企业数量急剧膨胀，出现了结构严重失调、效益大幅度下降的现象。中央根据这一形势，对中小企业实行了"关、停、并、转"方针，中小企业数量一度减少。

（三）第三阶段：中小企业迅速发展时期

该时期是从 20 世纪 70 年代末期至 90 年代。伴随农村经济体制改革，中小企业以乡镇企业的方式异军突起，发展迅速，中小企业在中国经济发展中发挥了越来越重要的作用：第一，中小企业地位由"补充"向社会主义市场经济"重要组成部分"转变。改革开放后，在中央和国家"以公有制为主体，多种经济成分并存、共同发展"的理论指导下，中小企业被视为社会主义经济的"补充"。1992 年党的十四大报告中明确提出改革的目标是建立社会主义市场经济体制，随后各地纷纷出台政策，出现中小企业发展的高潮。第二，乡镇企业兴起。改革开放后，中小企业占多数的乡镇企业迅速发展，中小企业发展进入辉煌时期。乡镇企业在中国经济发展中发挥了积极作用：一方面为农村剩余劳动力转移开辟了新途径，缓解了大量农村剩余劳动力转移给城市带来的压力；另一方面加大了对农业的反哺力度，推动农业现代化。此时期在中小企业在全国范围内出现了比较明显的地区差异，开发较早的沿海地区中小企业发展速度较快，在数量规模、质量和组织化（中小企业集群）等方面都比中部、西部地区的中小企业有明显优势。

（四）第四阶段：中小企业的转型发展期

该时期从 20 世纪 90 年代至今。20 世纪 90 年代后，在"抓大放小"的企业改革导向下，产生了不少大企业集团，使得中小企业的"大企业补充"地位进一步固化，中小企业成长外部压力加大：从中小企业的产业分布范围来看，中小企业仍大都分布于传统产业之中，分布于新兴产业内的中小企业数量相对较少；从所处产业链和价值链的位置来看，中小企业多处于产业链、价值链的低端，生产能力较低，价值创造力不高，规模经济和范围经济均不明显，在国际市场上的竞争力低。这些现象引起了中央的重视，着手采取多种方式推动中小企业升级和转型发展，如机构改革方面，在国家级政府机构层面上设立了负责中小企业改革和发展的中小企业司，在新修订的宪法中明确了中小企业在国民经济中的地位，并颁布了有关法律，为中小企业发展提供法律保障。进入21世纪后，中小企业发展迅速，成为市场经济的主体、新兴产业的重要力量和大企业专业化协作伙伴，在吸纳就业、技术创新、丰富市场、满足多样化需求、促进区域经济发展方面发挥了不可替代的作用。2008年开始的国际金融危机不仅对我国的实体经济产生了巨大的冲击，还让许多中小企业因市场需求不足而面临不同程度的经营困境。在新形势下，中国中小企业开始有意识地开展以技术创新为核心的中小企业自主创新，探索建立自主创新机制，积极寻求对应措施和解决方案以提高应对风险的能力，实现可持续发展。

二、中国中小企业发展的成就[①]

经过不同阶段的发展，中国中小企业的综合实力、核心竞争力和社会责任能力不断增强，在国民经济和社会发展中发挥了越来越重要的作用：第一，中小企业的实力不断增强。中小企业户数、营业收入、资产总额稳步增长。第二，中小企业创新能力不断提升。在2020年规模以上有研发的工业企业中，有研发活动的小微企业占的比重为81.1%，有国家级专精特新"小巨人"企业1832家、省级"专精特新"中小企业3万多家，

---

① 资料来源：中华人民共和国工业和信息化部等发布的《"十四五"促进中小企业发展规划》。

"创客中国"中小企业创新创业大赛、中国创新创业大赛等活动有力推动了中小企业创新。第三，中小企业服务体系更加完善。已建成国家中小企业公共服务示范平台585家、省级示范平台3300多家，为中小企业提供社会化服务的机构近10万家。第四，中小企业发展环境进一步改善。在中小企业管理机构建设、中小企业相关的立法和执法、财政和税收支持、普惠金融支持等方面成效显著。

第四节　新形势下中小企业自主创新成长的机遇和挑战

一、新形势下中小企业自主创新成长面临的挑战

（一）中小企业发展的非均衡性[①]

由于区域经济、行业经济的发展水平和自主创新水平不平衡，中国中小企业发展表现出明显的非均衡性。以上市中小企业的分布为依据[②]，从行业分布来看，制造业和信息服务业的中小企业的上市比率较高，其他行业上市比率较低，说明制造业和信息服务业的中小企业自主创新水平相对较高；从区域分布来看，上市的中小企业大部分集中在中东部地区；从行业和地区综合分布来看，新兴产业上市中小企业多集中在东部地区，西部上市中小企业多分布在传统产业中，且数量很少。具体表现在：

1. 从上市中小企业的行业分布来看

从中国上市中小企业的行业分布看，中国上市中小企业主要分布于制

---

① 周适．中小企业发展面临的趋势、问题与支持战略研究［J］．宏观经济研究，2022（07）：163-175.

② 中小企业达到上市标准可视为中小企业自主创新达到了较高水平，中小企业自主创新成长质量较高。

造业和信息服务业：第一，来自制造业的上市中小企业占上市中小企业总数的53%。上市的制造业中小企业以计算机、通信和其他电子设备制造业的中小企业为主。第二，来自信息服务业的上市中小企业占上市中小企业总数的17.8%。第三，其他行业上市的中小企业占上市中小企业总数比均在5%以下。

2. 从中小企业分布的区域看

中国80%的规模以上中小工业企业集聚在中东部地区，其中广东、江苏、浙江、山东、河南和安徽6个省份的规模以上中小企业就占全国规模以上中小企业数的51.3%。东部地区上市中小企业数量明显占优势，广东、北京、江苏、浙江、上海、山东6个东部省份的上市中小企业数占全国上市中小企业数的53.9%。

3. 从行业和地区综合分布来看

制造业上市的中小企业主要集中在广东、江苏、浙江、山东、上海和北京，这6个省份上市的中小企业占全国上市中小企业数量的62.9%。信息服务业上市中小企业主要集中在北京、广东、上海、江苏、浙江、山东和福建等东部省份。在北京、广东和上海集中了超过40%的科学研究和技术服务业上市中小企业。其他行业上市中小企业也以东部中小企业为主，西部地区上市的中小企业非常少。

（二）中小企业自主创新成长能力有待加强

中小企业自主创新成长能力有待加强主要表现为：第一，中小企业"融资贵"和"融资难"等老问题长期存在。中小企业自主创新失败率较高，需要有雄厚的研发资金支持。由于中小企业规模小，整体信用水平不高，现行的与中小企业融资相关的融资环境、金融信贷政策以及信用担保体系等难以满足中小企业融资需求。第二，中小企业自主创新缺乏高质量基础研究支撑。目前科研创新成果的评判偏重应用研究，基础研究因为花费大，周期长而难以吸引研发人员和研发资金投入。缺乏基础研究支撑的中小企业自主创新是难以持续的。第三，中小企业人才整体质量还不高。中小企业由于规模小，经济实力有限，难以吸纳和留住高素质人才，导致中小企业员工整体素质仍偏低，人才结构不合理，这些方面在中西部中小企业的人才对比中表现得更为突出。此外，中小企业用工成本增加、税费负重、缺乏企业家精神、未建立技术创新保障机制等，也制约了中小企业自主创新成长能力。

（三）中小企业的专业化程度和组织化水平不高

第一，国内中小企业集群不少是松散的联合体，彼此之间的协同能力低，协同效应不明显，中小企业自主创新效率低，中小企业集群亟需从低成本聚集方式向高质量集聚方式转型，建立起协同机制。第二，由于世界产业链和价值链正在解构和重组等原因，一些产业链和关键环节的外迁风险大，影响到了产业链和价值链的完整，对处于产业链和价值链低端的中小企业不利。第三，国内产业生态环境亟待优化。大企业在引领自主创新方面的责任承担不足，往往将其组织优势用到对中小企业利润的侵占上，大企业与中小企业之间没有形成融通创新，协同发展关系，产业生态环境亟需优化。

（四）中小企业数字化转型困难较大

数字经济是高质量发展的新动能。中小企业数量在企业数量中占了大部分，中小企业数字化转型成效直接关系到新旧动能的转换。由于中小企业在数字技术、资本、数字人才方面普遍存在劣势，当面对快速兴起、不断更迭的数字经济技术时，不知从何下手进行数字化转型，存在"数字经济焦虑症"[1]，以及没钱转、没人转、基础弱和不愿转现象，常常容易陷入"不转型等死、转型找死"的两难困境，导致中小企业数字化转型中存在"不会转"和"不敢转"[2]。

二、新形势下中小企业自主创新成长的机遇

（一）中国经济平稳发展为中小企业自主创新成长打下坚实基础

改革开放 40 多年来，中国经济一直保持较快的增长势头。经济发展

---

① 胥培俭，丁琦，张思文．数字经济时代中小企业数字化转型研究［J］．信息通讯技术与政策，2020（03）：53-55.

② 刘然．后疫情时代中小企业数字化转型之路［J］．学术前沿，2020（07）：104-107.

进入新常态后，国内外经济形势变化激烈，全球经济增长疲软势头持续，新型疫情等突发事件对经济运行产生了极大冲击。党中央、国务院坚持稳中求进工作总基调，完整、准确、全面贯彻新发展理念，加快构建新发展格局，着力推动高质量发展，加大宏观调控力度，应对超预期因素冲击，经济保持增长，发展质量稳步提升，创新驱动深入推进，中国经济运行总体平稳，稳中有进，韧性十足，高质量发展势头明显，为中小企业自主创新成长打下坚实基础。

（二）高质量发展战略为中小企业成长提供了多方面战略支持

党的二十大报告中提出了一系列高质量发展战略，主要包括：优化民营企业发展环境，依法保护民营企业产权和企业家权益，促进民营经济发展壮大；完善中国特色现代企业制度，弘扬企业家精神，加快建设世界一流企业；支持中小微企业发展；推动西部大开发形成新格局，加快建设西部陆海新通道等①。这些高质量发展战略涉及中小企业自主创新的各个层面，为中小企业自主创新成长提供了多方面战略支持。

（三）加快自主创新给中小企业自主创新能力飞速提升带来的机遇

中小企业作为国有企业改革"试验田"和发明专利的重要产出地，在制度创新和技术创新方面积极活跃。自中美贸易战爆发以来，发达国家对中国技术封锁和垄断持续加强，产业链协同创新趋势日益明显，企业创新转向多方面和多环节的全方位同步创新，这些都使得中国自主创新难度显著加大。在这一趋势下，国家陆续出台相应政策和战略规划，以对重点领域、关键环节的"卡脖子"技术突破为重点，大力支持高新技术创新型中小企业发展，探索高效的协同创新和集群创新模式，积极推进创新所需的新型基础设施、技术载体、创新环境等的建设，实现大中小企业的融通创新，同时，国家开展"专精特新"中小企业的培育工作，将"专精特新"中小企业作为我国科技自立自强的"排头兵"、高质量发展的重要

---

① 《习近平：高举中国特色社会主义伟大旗帜 为全面建设社会主义现代化国家而团结奋斗——在中国共产党第二十次全国代表大会上的报告》（2022 年 10 月 16 日）。

动力源、新发展格局的关键稳定器和创新型国家的生力军。以上这些自主创新的新形势为中小企业自主创新能力的飞速提升带来了机遇。

（四）产业集群的专业化和网络化不断加强带来的新机遇

国内外市场竞争的广度和深度不断加强，系统化竞争态势明显，企业竞争的方式由单个企业间的竞争转为产业集群间的竞争和产业链之间的竞争。在新竞争形势下，从专业化来看，那些专业分工深化、产业配套齐全、基础设施完备、流通配置高效的产业集群将拥有更强的竞争力；从组织形态来看，产业集群网络化趋势明显，产业链上各环节的网络化产业集群推动纵向一体化的产业链向纵向一体化和横向一体化有机集合的产业网链转变，传统产业链上企业单点单线链接将变成产业网链中多端多线链接转变，从而能够显著提高产业集群和产业链的韧性和安全性。在市场竞争系统化的新形势和产业网链下，中小企业的专业化将得到加强和巩固，中小企业将获取更多的创新资源，与大企业实现融通创新，进而能夯实中小企业自主创新成长的基础。

（五）中小企业政策环境不断改善为中小企业自主创新成长带来的机遇

良好的中小企业的政策环境对中小企业自主创新成长起到保驾护航的作用。进入高质量发展新阶段以来，党中央、国务院以及国家各部委密集出台涉及中小企业融资、税收、创新、创业以及中小企业公共服务等方面的中小企业扶持政策和措施，如《中小企业促进法》（2003 年颁布实施，2017 年 9 月 1 日修订并于 2018 年 1 月 1 日起实施）、《中小企业划型标准规定》（工业和信息化部、国家统计局、国家发展和改革委员会、财政部于 2011 年联合印发）、《中共中央国务院关于营造企业家健康成长环境弘扬优秀企业家精神更好发挥企业家作用的意见》（2017 年 9 月 8 日）、《"十四五"促进中小企业发展规划》（工业和信息化部于 2022 年印发）、《中共中央国务院关于促进民营经济发展壮大的意见》（2023 年 7 月 14 日）等，还成立了国务院促进中小企业发展工作领导小组（2009 年成立）等，这些都为中小企业自主创新成长提供了有效的政策支持。

　　总之，中小企业成长涉及多种因素，需要协调多种关系，中小企业的成长方式、成长动力等随着市场经济的发展而不断调整。在新形势下，中小企业传统成长方式、传统成长动力的红利逐渐消耗殆尽，需要进行成长方式创新，形成中小企业成长的新动力。中国经济改革与发展的实践表明，自主创新是新形势下中小企业应对复杂成长环境、协调复杂成长关系，实现可持续成长的需要，中小企业自主创新成长是中小企业成长方式的创新。中小企业自主创新成长作为一种新的成长方式，会遇到许多新问题和新矛盾，在理论和实践上有许多值得深入研究和积极探索之处。

第七章　中小企业生态性自主创新成长的国内外经验借鉴与启示

第一节　中小企业生态性自主创新成长的国内经验

自改革开放以来，中国经济发展取得了有目共睹的成就，中小企业成长取得了长足进步。由于中国地域辽阔，自主创新资源分布不均，各区域的产品市场和要素市场的发育程度不一，区域经济发展水平差异较大，导致不同区域的中小企业生态性自主创新成长差距较大。较之西部地区，东部地区在经济发展水平、创新资源质量、市场经济体制建设、中小企业自主创新能力培育等方面优势明显，在中小企业生态性自主创新成长方面积累了不少经验。

一、东部地区中小企业生态性自主创新成长模式简要梳理[①]

富有特色的中小企业生态性自主创新成长模式可以发挥不同类型中小

---

① 李政. 中国民营经济自主创新报告（2014）［M］. 北京：中国经济出版社，2015.

企业的自主创新优势，提高中小企业自主创新成长的质量。在改革开放初期，中国很多地方的中小企业在成长中技术自立远远不够，自主创新能力较低，缺乏对核心技术的掌握，中小企业竞争力不高，常常处于产业链、价值链和创新链的低端，一直被视为是大企业的从属和补充，陷入了"引进—模仿—跟随—落后—再引进"或者"投入—亏损—再投入—再亏损"的怪圈中。为突破成长困境，东部地区中小企业从最初的模仿创新成长，逐步转变为合作创新成长，再到自主创新成长，不断探索转变中小企业成长方式，在实践中积累了许多卓有成效的中小企业生态性自主创新成长经验，形成了各具特色的中小企业生态性成长模式，值得西部中小企业关注与借鉴。东部中小企业生态性自主创新成长可归纳为以下几个典型模式：

（一）集群网络式中小企业生态性自主创新成长模式

中小企业集群是中国中小企业成长中形成的有效组织方式，能够显著降低中小企业生态性自主创新成长中的各类交易成本，提高中小企业生态性成长效率和效益。东部地区是我国产业集群最密集的地区，在产业集群内聚集着大量的中小企业及客户、科研机构、专业市场、中介服务机构、物流服务体系、相关政府机构等。东部地区中小企业以产业关联为基础，以地理邻近为特征，以文化融合为联结纽带，形成了自主创新风险共担、自主创新资源共享、自主创新价值共创、优势互补的中小企业生态性创新网络。中小企业生态性创新网络中各组成部分在中小企业生态性自主创新成长中各司其职：第一，中小企业（集群）是中小企业生态性创新网络核心结点，是整个中小企业生态性创新网络构建和运行的核心。第二，中小企业生态性创新网络内有许多与中小企业开展自主创新有关的企业，它们为中小企业提供自主创新要素，并且与中小企业形成自主创新协同关系，是中小企业生态性创新网络中的重要节点。第三，中介组织如科技服务公司、专业市场、金融机构等。它们为中小企业提供信息、市场营销、金融、劳动力等服务，是中小企业生态性创新网络的动力输送管道。第四，大学和科研机构等中小企业生态性创新网络的动力源。大学和科研机构不仅将知识与技术形成中小企业自主创新成果，还可以通过科研成果转化的方式，有效促进中小企业自主创新成果以价值流、信息流、能量流等形式扩散，以价值共创的方式形成市场价值，同时，可以通过多种方式培养和培训中小企业自主创新所需的各类人才。第五，政府部门。中小企业生态性创新网络的构建和自主创新的开展离不开政府的大力推动：政府通过提供公共服务，推动产学研合作，建设中小企业生态性创新网络基础设施，制定中小企业自主创新的扶持政策等引导和支持中小企业生态性自主创新成长。中小企业生态性创新网络弥补了单个中小企业缺乏自主创新资源，自主创新能力较低的不足，增强了单个中小企业自主创新成长的能力。在东部地区，集群网络是中小企业生态性自主创新成长模式经常以"一村一品""一镇一业""一县一业"的方式呈现，生产同类产品的中小企业以互惠共生方式集聚在一起，形成了形形色色的专业村、专业镇和专业县，在生产经营和自主创新方面表现出高度专业化，生机勃勃，辐射效应显著，有力地促进了地方经济的发展。

（二）价值链式中小企业生态性自主创新成长模式

东部地区经济开放度较高，外向型经济活跃，大量中小企业通过嵌入跨国公司的全球网络，进入了全球价值链之中。东部中小企业在全球价值链中不断提升自主创新能力，形成了价值链式中小企业生态性自主创新模式，即在全球价值链中，中小企业与跨国公司形成共生合作关系，在共生合作中学习国际先进技术、先进管理经验，在模仿中创新，在学习中创新，不断提升自主创新能力，努力从资源密集型产业、劳动密集型产业转型升级为资本密集型产业和技术密集型产业。

价值链式中小企业生态性自主创新成长的机制主要有：第一，提供外协服务机制。中小企业积极与作为旗舰企业的大企业保持技术协作，为大企业提供零部件，实现与大企业之间的优势互补，协同发展。中小企业不但可以减少与大企业的直接竞争，而且还可以从大企业获得技术资源，减少自身自主创新风险，也可以从大企业获得高水平的管理经验，较快提高自身自主创新能力。第二，提供外包服务机制。中小企业通过向相关大企业提供生产外包、销售外包、人力资源外包、物流外包、客户服务外包等外包服务，能够有更多机会参与到相关大企业的创新网络之中，能获取技术创新信息，有机会获得必要的技术人员培训服务，从而能够显著提升自身的自主创新成长能力。如在上海、北京、杭州、大连、深圳等城市的软件产业中，不少中小企业通过发展软件外包产业，由原先的手工作坊转向了工程化和规模化生产经营。第三，提供贴牌生产服务（Original Equipment Manufacture，OEM）的机制。中国提供贴牌生产业务的中小企业大多是东部中小企业，它们在全球贴牌生产业务中占有重要份额。贴牌生产服务给中国中小企业提供了发展机遇，中小企业从中获得了向世界先进企业学习、借鉴和提高的机会。虽然外资品牌在中国贴牌生产的产品技术含量一般都比较低，属于普及型产品和中低档产品，且国内中小企业很难拿到高端产品的生产订单，但是在为核心企业贴牌生产的过程中，被国外高端企业利润挤压的中国中小企业往往能被激发起自主创新的欲望，利用干中学和集群学习机制，不断构筑和完善自己的生态性创新网络，促进生态性自主创新成长。

（三）衍生式中小企业生态性自主创新模式

所谓衍生式自主创新是指创新者通过成立新公司或部门实现自主创新。衍生式中小生态性自主创新成长是指中小企业通过衍生式自主创新突破原有中小企业惯例的制约，实现突破性自主创新成长。按照与原企业是否存在产权、资本、人员联系的密切程度，衍生式自主创新成长大致分渐进式的从属衍生自主创新成长和突破性的脱离衍生自主创新成长两种类型。第一种类型从属衍生自主创新成长。从属衍生自主创新成长是中小企业根据预测新技术的市场前景，成立与原中小企业相对独立的新部门，甚至是新公司来实现和推动自主创新成长。如中科院自动化研究所建立了攻坚工程（研发）中心、联合实验室、企业技术联盟等，加快技术转移和科技成果转化的步伐。第二种类型脱离衍生自主创新成长。脱离衍生自主创新成长是原企业员工脱离原企业成立新公司，实现创新和创新收益的过程。如上海张江高科技园区、苏州工业园区等众多竞争力强大的科技型中小企业是形形色色的科技型企业孵化器孵化出来的。

二、东部中小企业生态性自主创新成长的主要经验

(一) 多种方式营造高质量的中小企业商业生态系统[①]

中小企业商业生态系统是中小企业自主创新成长环境，是中小企业生态性创新网络的构建场所。中小企业商业生态系统质量的高低直接关系到中小企业生态性创新网络质量和运行效率的高低，关系到中小企业生态性自主创新成长动力能否顺利生成。营造高质量的中小企业商业生态系统的重要工作是通过营造创新型的营商环境，为提高中小企业生态性创新网络的构建质量和运行效率创造便利条件。东部地区各省份立足自身实际，通过拓展融资渠道、搭建交流平台、保护知识产权、引进创新型人才和制定实施相关奖励补贴政策等措施，不断在中小企业的政策环境、政务环境、市场环境、法治环境等方面出台一系列优化营商环境的措施，营造高质量的中小企业商业生态系统。

1. 多手段拓展中小企业生态性自主创新的研发资金来源

研发资金是中小企业实现生态性自主创新成长的关键，东部地区采用多种方式支持中小企业在生态性自主创新成长方面的融资，主要包括：第一，设立科技创新基金。东部地区各省份设立了多种形式的中小企业科技创新基金，例如：北京经济技术开发区采用"政府独资公司运作"方式，成立了北京亦庄国投，对全球创新型物联网企业京东方进行了投资；深圳市采用"混合所有制公司运作"成立深创投，对天康制药、进芯电子等创新型企业进行了投资；上海市采用"政府委托基金GP运作"成立的上海科创基金，对先进制造业、人工智能、医疗等方面的中小企业进行投资。第二，对担保形式进行创新。鼓励作为借款方的中小企业将其专利权质押给担保中心以获取贷款，如上海采取"银行+政府基金担保+专利权

---

① 陈俊营，吴月，白娜娜．创新型企业营商环境建设研究——基于国内先进经验的总结 [J]．云南科技管理，2023（02）：10-13．

反担保"的方式给创新型中小企业提供贷款担保服务，政府作为直接担保人承担主要风险。又如，中国人民银行设立了额度为 2000 亿元的科技创新再贷款资金，在很大程度上有效缓解了创新型企业的融资难题。第三，为自主创新提供靶向资金支持。如上海证券交易所制定《科创债指引》为高新技术产业、战略性新兴产业内企业的融资需求服务。第四，推动科技创新型中小企业上市。政府建立科技创新型企业培育库，对科技创新型企业培育库的科技创新型企业上市融资需求进行摸底，深入了解其上市融资困难之处，积极提供相关服务，推动符合条件的中小企业上市融资。第五，加大引入外资力度。东部各省份通过引入国际资本，为国内创业孵化平台和孵化企业的成长争取更多的资金支持。

2. 搭建中小企业自主创新要素融通平台

东部各省份政府通过组织与中小企业自主创新相关的各类高水平会议和论坛、举办以中小企业自主创新为主题的高级别竞赛等方式，搭建起了中小企业所需的各类自主创新资源融通平台，大大增加了中小企业与其他相关机构之间在研发资金、技术、人才等方面的交流与合作机会，为中小企业生态性创新网络源源不断输入新鲜活力，巩固和扩大中小企业生态性创新网络的规模，不断提高中小企业生态性创新网络质量，更高效地促进了中小企业生态性自主创新成长。

3. 构建全链条知识产权保护模式

保护知识产权就是保护创新型中小企业自主创新成果，直接关系到中小企业生态性自主创新成长积极性和能动性的高低，关系到中小企业生态性自主创新成长的可持续性。东部地区构建起了全方位和全链条的知识产权保护体系，如深圳市在促进数字经济产业、促进人工智能产业等方面陆续出台了多部法规，又如青岛知识产权法庭在有关技术类知识产权纠纷的案件审理过程中，通过聘任兼职技术调查官、技术咨询专家等方式，使科学技术专家的专业性建议能够进入判决依据，明显提升了技术类知识产权纠纷案件的审判水平。

4. 坚持尊重知识和尊重人才

东部地区对知识和人才十分重视，采用多种方式吸引创新型人才到东部建功立业：第一，为紧缺的创新人才制定专门的政策，如福建省用"一人一策""一事一议"的方式引入能够实现重大技术突破的高端紧缺人才。第二，根据创新风险大的特点，建立允许失败、包容失败的人才机制，鼓励大胆开展创新活动，对不可控原因造成的创新失败采取实事求是，宽容失败的做法。第三，设立精神鼓励与物质奖励相结合的人才表彰和奖励制度，如设立各类人才荣誉称号，为创新人才在工商登记、子女入学、医疗社保等方面提供优质服务等。

（二）注重培育"专精特新"中小企业①

1. 东部地区培育"专精特新"中小企业概况

提升中小企业核心竞争力和提高专业化水平，培育"专精特新"中小企业是中小企业高质量成长的表现，"专精特新"是中小企业实现转型升级的必由之路。截至 2023 年 7 月，全国共计培育了创新型中小企业 21.5 万家，专精特新中小企业 9.8 万家，专精特新"小巨人"企业 1.2 万家，这些中小企业中，民营中小企业占比为 95%左右②。从区域分布来看，"专精特新"中小企业"东密西疏"的分布特征明显，截至 2021 年末，国内已认定的三批"小巨人"企业中，排名前六的浙江、广东、山东、江苏、北京和上海均为东部省份，合计占比高达 42.58%，整个西部地区仅占 16.68%③。

2. 东部地区培育"专精特新"中小企业的经验：以上海市为例

东部地区各省份把促进中小企业"专精特新"发展作为引导和支持中小企业转变成长方式，提高创新能力和核心竞争力，实现产业转型升级，推动经济结构调整的有效途径，充分发挥市场配置资源的基础性作

---

① "专精特新"中小企业指具备专业化、精细化、特色化、创新能力优势的中小企业，其中的佼佼者也被称为"小巨人"企业。"专精特新"是中小企业实现转型升级的必由之路。

② 工业和信息化部介绍促进民营中小微企业发展、培育专精特新中小企业有关工作情况。

③ 丁建军，刘贤，王淀坤，尹璇雯. 国家级专精特新"小巨人"企业空间分布及其影响因素 [J]. 经济地理，2022，42（10）：112-113.

用，同时政府不断加强政策引导、加大资金扶持、科学制定标准、规范服务手段，取得了积极而显著的成效。

上海是国内最早探索培育"专精特新"中小企业工作的城市之一。在政策制定、资金投入、激励机制设计、经营环境优化、人才培养等方面积极开展培育工作，培育了一批在行业中领先，市场前景好，在产品、技术、业态和经营方式上代表产业发展方向的"专精特新"中小企业。截至 2022 年 6 月，上海共培育"专精特新"中小企业 3005 家，其中"小巨人"企业 262 家，在国内各个城市中名列前茅。上海市培育"专精特新"中小企业的主要经验是：第一，注重理念创新。在发展"专精特新"中小企业工作中，将对"专精特新"中小企业的认可权交给市场和消费者，淡化政府行政干预色彩，政府只是起到服务和辅助的作用。第二，长期坚持和与时俱进有机统一。上海培育"专精特新"中小企业的工作已经开展了十几年，通过培育工作的长期化和常态化，吸引了越来越多的中小企业参与到"专精特新"中小企业的培育之中；另外，上海在"专精特新"中小企业的培育中坚持与时俱进，如在"专精特新"中小企业申报流程中，根据实际情况灵活新设和调整评价指标体系，以便能更有效和更精准地识别出具有"专精特新"潜质的中小企业。第三，"专精特新"政策稳定性和灵活性有机统一。一方面，在基本精神、基本原则和评价指标主体上保持稳定，不轻易变动；另一方面，根据"专精特新"中小企业在实践中的反馈和国内外形势的新变化对"专精特新"中小企业的相关政策有理有据地适当微调，灵活应对各种新变化。第四，政府与市场相结合，多渠道提供专项资金支持服务。上海市政府的高新项目专项资金中，近一半是提供给"专精特新"中小企业的。第五，为"专精特新"中小企业营造良好的营商环境。这方面主要包括尽量简化"专精特新"中小企业在诸如年检、财务审计、工商登记及变更登记等方面的手续；支持"专精特新"中小企业上市融资；在"专精特新"中小企业的海关通关、"专精特新"中小企业税收优惠等方面提供全面和及时的服务[①]。

第二节　国内典型案例介绍

案例一：苏州工业园区投融资生态圈建设

一、苏州工业园概况[②]

苏州工业园区位于苏州市，行政区划面积278平方公里，是中国和新加坡两国政府间的重要合作项目，被誉为"中国改革开放的重要窗口"和"国际合作的成功范例"。苏州工业园是全国开放程度最高、发展质效最好、创新活力最强、营商环境最优的区域之一，在国家级经开区综合考评中实现七连冠（2016~2022年），跻身科技部建设世界一流高科技园区行列。

二、苏州工业园区科技型中小企业投融资生态圈的构建和优化[③]

尽管苏州工业园区已经建立起了科技金融体系，但仍未有效解决科技型中小企业融资"成本高""风险高"等长期存在的问题。为更好地发挥科技金融体系在支持科技型中小企业自主创新成长中的作用，苏州工业园区以互惠共生和协同发展理念，构建并不断优化科技型中小企业投融资生态圈。

投融资生态圈由投融资要素动态优化形成，是科技与金融深度融合的

---

① 敦帅. 上海培育"专精特新"中小企业：政策演进、经验总结与未来走向 [J]. 上海质量，2022（06）：24-26.

② 资料来源：苏州工业园区管理委员会官网。

③ 刘亮，吴笙. 构建投融资生态圈支持科技型中小企业创新——以苏州工业园区为例 [J]. 群众，2018（06）：45-46.

产物，是创新生态系统的重要组成部分。在投融资生态圈内，通过投融资要素间的互惠共生和协同演进，科技金融体系的功能得以全面和有效的发挥。构建投融资生态圈涉及多方面因素，是一项系统工程。苏州工业园区在以下几方面开展了积极工作，取得了明显成效：

第一，认真分析构建科技型中小企业投融资生态圈的目标。构建投融资生态圈不仅仅是创造工作亮点，而是要解决科技型中小企业生态性自主创新成长中遇到的困难和障碍。这些困难和障碍主要包括科技型中小企业的生态性自主创新成长缺乏统一规划、中小企业的信用服务体系不健全、资本良性循环机制不健全、创投基金的杠杆效应不明显等。

第二，确立系统化的科技型中小企业投融资生态圈建设思路。运用系统化思维确立科技型中小企业投融资生态圈构建和优化思路，坚持统一的顶层设计，明确构建和优化的目标，即有利于科技型中小企业与金融机构之间的信息不对称问题，实现社会资本与域外资本的撬动效应、强化科技型中小企业社会关系网络强度，综合平衡科技型中小企业、金融机构、政府之间的关系，注重协同融合，加强软环境建设。

第三，明确构建和优化投融资生态圈的重点：①统一对投融资生态圈的认识，构建起协同机制，确保工作高效统一。②发挥好中小企业协会的作用。在构建中，具体运作委托给中小企业协会以及相关的产业协会，由它们进行专业化、市场化的运作。③构建对科技型中小企业投融资生态圈构建和优化绩效的科学评估机制。这方面主要是利用数字技术构建开放、动态的大数据信用平台，用以评估科技型中小企业投融资生态圈构建和优化绩效，确保评估的客观性、科学性、全面性和规范性，为相关工作的进一步开展提供可靠的依据。

案例二：张江科技城创新生态的蝶变

张江科学城位于上海浦东新区，自20世纪90年代成立起，积极借鉴国外科技园区的发展经验，采取有效措施促进科技创新资源集聚和新兴产业集群发展，逐步形成了集聚上海知识经济、辐射周边地区的科技创新战略高地，构建起市场化、国际化为主要特色的张江科技城创新生态，汇聚了各类创新型企业近 2 万家，并不断实现创新生态的蝶变。

一、张江科技城创新生态概况

张江科技城的创新生态由多家科技型中小企业、研发机构、大学、金融服务机构、政府等构成，是科技型中小企业自主创新、与中小企业自主创新相关的生产、生活等多个方面互惠共生而成，是多个科技型中小企业生态性创新网络、生产网络和生活网络协同组合而组成的"产城融合"的复杂系统，具有以下主要特点：第一，持续汇聚创新资源。张江现有各级研发机构 400 多家，近 20 家高校和科研院所，它们为张江带来了大量的研究成果和高层次创新人才。第二，科技金融不断深化。张江集聚了20 多家银行、10 余家融资担保机构、150 余家创业投资机构、上海股权托管交易中心。能够提供优质的科技金融服务，对缓解科技型中小企业融资难和融资贵的难题有积极作用。第三，综合环境不断优化。张江科学城公共交通基础设施完备，拥有多家商圈，着力营造生活便利、生态优美、服务到位、生活舒适的综合发展环境。

二、张江科技城创新生态构建历程、措施和经验

（一）张江科技城创新生态构建历程①

张江科技城是浦东开发开放的排头兵和践行者，被誉为中国的"科创地标"。张江科技城创新生态的建设历程大致可以划分为三个阶段，第一阶段：以"高科技"命名的开发园区。1992 年 7 月 28 日，上海市张江高科技园区开发公司成立。划分为综合管理服务、高新技术产业、科技教育培训、住宅四大功能区域，奠定了张江科技城创新生态的基础。第二阶段：建立国家自主创新示范区。2011 年张江获批建设国家自主创新示范区，各类创新主体大量涌入，各项配套设施和配套服务迅速跟上，张江科

---

① 孙一元，张江．"三级连跳"升级科学城［J］．上海国资，2020（12）：67-70.

技城创新生态建设进入了快车道。第三阶段：形成张江科技城。2016 年，张江综合性国家科学中心在张江自主创新示范区内成立。2017 年 7 月，经上海市批复同意，张江科技城以张江高科技园区为基础建立起来。张江科技城的建设目标是进一步扩大产业空间，进一步优化科技创新的氛围，进一步深化工作和生活的生态环境建设，全力打造生物医药、人工智能等领域的特色园区，并进一步优化创新生态，实现了从江南乡村普通的农田建设成为产城融合创新生态的蝶变。

（二）张江科技城创新生态建设的主要措施

1. 打造热带雨林式的创新生态圈

张江科技城的创新生态是热带雨林式的创新生态圈，包含不同规模、不同产业的多个生态性创新网络，彼此之间互惠共生，协同演进，不断派生出新产业和新业态。2020 年 5 月，张江科技城正式推出了 AI 赋能中心概念。AI 赋能中心进一步推动了热带雨林式的创新生态建设进一步加快：一方面，AI 赋能中心能够推动各类平台的形成，助力张江科技城内外创新资源的集聚，结合技术平台和专业平台，形成不同类型的创新中心，让更多有发展力的小微企业、中小型企业、总部企业都能够吸附在张江，形成张江独特的综合生态竞争力。另一方面，AI 赋能中心作为链接大中小企业的桥梁，能够促成各大企业纷纷在张江建立创新中心，实现中小企业与大企业的融通创新，进一步提升张江科技城创新生态质量。

2. 不断完善创新生态的功能

张江科技城的创新生态功能除了有推动高科技创新功能，还包括综合管理服务、科技教育培训、住宅等功能，以便能提供更好的服务，吸引更多的科技企业和科技人才。为此，张江科技城在设施建设规划中不断增加公共服务设施的比例，已建成一批科学设施和城市生活项目，包括商务办公、科创服务、科学会堂、人才公寓、酒店和教育和公共服务设施等，张江科技城的创新生态的各项功能日益完善。

（三）张江科技城创新生态的经验小结①

张江科技城创新生态建设的经验主要有以下几方面：第一，政府在其中发挥了重要作用。主要表现在创新生态建设的每一个阶段都得到中央相关政策的有效指导，同时，上海市各级政府在落实中央相关政策时做到了协同一致，共同努力。第二，创新生态内各"物种"之间互惠共生，协同一致。在创新生态内，政府的部署落实到位，区政府和园区管理部门与各类创新生态主体共同推动。政府、产业界、大学、科研院所、应用、资本、各类服务中介等创新主体、各类"物种"多样性共生。第三，张江科技城营造的创新生态能够确保各类创新主体在创新生态内形成具有自组织演化、开放式协同等特征的自主创新成长机制。第四，张江科技城创新生态做到了汇聚国内外创新资源开展协同创新，确保创新生态的可持续。

案例三：大疆公司创新生态的构建②

大疆创新科技有限公司（DJ-Innovations，DJI）成立于 2006 年，主要生产无人飞行器控制系统及提供无人机解决方案，目前其商业无人机的研发、生产和销售在全球保持领先。大疆公司能在短时间内成长为全球知名的无人机供应商，其产品在国际市场上具有很强的竞争力与大疆公司形成的创新生态密切相关。大疆公司创新生态的构建与运行能够为建设高科技企业的创新生态提供有益的借鉴。

一、公司初创期的产品导向创新生态系统

大疆公司初创期的创新生态系统主要依靠地域选择和建立产学研合作机制建立起来：公司选址在具有创新创业活力的深圳，得到了政府政策的有力支持；通过与哈尔滨工业大学深圳研究院、香港科技大学等科研院所

---

① 张剑波，李岩. 张江三十载沧桑巨变：从阡陌田野到创新策源 [J]. 华东科技，2022（10）：115.

② 周常宝，冯志红，林润辉，王玲玲，张言方. 从产品导向到生态导向：高科技企业创新生态系统的构建——基于大疆的纵向案例 [J]. 管理评论，2003，35（03）：337-352.

的技术合作以及创新人才的不断加入，大疆公司开发出了具有先进水平的无人机系统，市场前景看好，由此吸纳了来自香港科技大学等机构的投资，开始声名鹊起。

二、公司高速发展期的生态导向的创新生态系统

进入高速发展阶段后，大疆公司与时俱进对其创新生态系统进行了创新，由产品导向转向生态导向，不断提高创新生态系统的创新能力和竞争力，创新生态系统的技术与经济功能分别演变成知识网络和商业网络，创新生态系统由此演进成复合型的创新生态系统，创新生态系统的组织结构更严密，互惠共生关系更显著，协同演进更有效率。在该复合型创新生态系统内，知识网络和商业网络通过企业家精神、创新人才、风险投资以及线上线下相结合的营销渠道等良性互动，推动大疆公司创新生态系统不断演进，催生出关键核心技术，并将关键核心技术不断商业化，对大疆公司自主创新成长起到了积极的推动作用。

第三节 中小企业生态性自主创新
成长的国外经验

一、发达国家支持中小企业科技创新的普遍经验[①]

发达国家政府在扶持中小企业技术创新方面进行了长期探索，并在实践中积累了较为丰富的经验，这些经验主要体现在：第一，为中小企业科技创新提供法律保障。美国、英国、日本等在中小企业技术创新过程的各

---

① 张蕾. 发达国家扶持中小企业技术创新经验及启示 [J]. 中小企业管理与科技，2009（01）：76.

个环节都建立起来较为完备的法律支持体系，使得中小企业科技创新的保护有法可依。第二，为中小企业科技创新提供资金保障。中小企业科技创新的资金保障主要表现在为中小企业科技创新提供税收优惠和有效的融资渠道。税收优惠渠道主要是由中央和地方财政对正在进行有利于所在地产业发展的技术创新的中小企业给予补贴，或是对正在进行重要技术研发的中小企业给予配套经费。资金融通渠道主要有金融机构贷款和政府的专项拨款。第三，建立和发挥中小企业的产学研体系。建立起市场导向的、可持续的、以中小企业为核心的产学研体系，为中小企业创新提供直接的技术支持和服务。

二、发达国家构建中小企业创新生态系统的经验简介①

高效的创新生态系统是发达国家开展中小企业创新，促进中小企业转型升级的组织方式。发达国家中小企业创新生态系统的建设和运行实践中同样积累了不少值得借鉴的经验。

（一）美国构建中小企业创新生态系统的经验

美国中小企业创新生态系统建设的典型经验主要有：第一，与时俱进，不断完善相关政策。美国在支持中小企业创新活动方面有较为系统的政策法规，并且与时俱进，不断修订和完善，主要的政策法规有《大学与小企业专利程序法案》（1980 年）、《技术转移商业化法案》（2000年）等。第二，中小企业创新得到了较为充足经费的支持。美国的科研经费在 GDP 中的比重长期保持在约 2.5%。同时，小企业还可以得到来自联邦政府的金融担保服务。第三，中小企业创新有多种类型的协作机制支持。美国建立起了由国家技术转移中心、国家科学基金会等构成的政府创新行政体系与由国家科学院、电气和电子工程师协会等构成的非政府实体的联合协作机制，为中小企业创新提供支持。第四，构建中小企业科技创新培训体系和中小企业科技创新成果转化制度。

---

① 王洋，于君. 创新生态系统的国际实践及启示［J］. 竞争情报，2020，16（04）：39-48.

（二）日本构建中小企业创新生态系统的经验①

日本中小企业创新生态系统建设中，有以下几点值得借鉴：第一，提升中小企业地位。日本不仅将中小企业看作是解决就业问题和发展经济的工具，而且把中小企业看作是科技创新的重要推动力，并且在产业政策中明确体现出来。第二，将中小企业政策的重心放在传统行业里的中小企业上，这类中小企业历史悠久，数量众多，牵涉面广，经济和社会效益显著，关注传统中小企业如何通过创新实现可持续成长有很大的社会效益和经济效益，同时，传统产业中的中小企业与新兴产业的中小企业是相辅相成，共同发展关系。第三，具有完善的中小企业政策体系，包括立法部门、执法部门和各类专业机构等，能够及时和有效纠正有损中小企业的各类行为。

（三）德国建设中小企业创新创业生态体系的经验②

德国建立了较为完善的中小企业创新创业生态。中小企业有更多的机会获得中小企业创新创业生态内各组成部分的支持，包括联邦各级政府组织实施的中小企业创新支持计划、设置的高科技创新创业风险投资基金等。同时，德国超过半数的高校发展定位是应用创新型高校，而且不少德国高校与中小企业合作构建为中小企业创新服务的产学研一体化研发机构。德国建设中小企业创新创业生态体系的主要经验是：

第一，政府在建设中小企业创新创业生态中发挥重要推动作用。在建设中小企业创新创业生态中，德国联邦政府、联邦教研部、联邦经济技术部等政府部门发挥了重要推动作用，如联邦政府、联邦教研部、联邦经济技术部等制定出创业刺激计划，通过创业刺激计划促进高校等科研单位带动中小企业创新创业。又如，通过"中小企业专利行动"资金补贴项目，提高中小企业在创新过程中使用专利和科技数据库的意识及能力，并在获得专利后帮其进行产品市场化。

---

① 丁可. 日本经验：珍视中小企业的创新推动力［J］. 中国投资，2020（06）：27.

② 徐振强. 德国"工业4.0"科技园区创新创业生态体系研究——基于对柏林州 Adlershof 科技园的案例研究［J］. 中国名城，2015（11）：38-49.

第二，中小企业创新创业生态系统内的创新型企业能够得到来自各级政府和机构的风险投资支持。创新型企业的风险投资来自德国联邦政府、州政府、政策性银行和大型企业设置高科技创业基金。如联邦经济技术部、德国复兴信贷银行等联合开发了用来支持中小企业的"EPR 创新计划"，向申请者提供总额不超过 500 万欧元、偿还时限长达 10 年的研发贷款支持，帮助促进新产品研发和市场推广。

第三，中小企业创新创业得到高校的支持。威廉·冯·洪堡提出"教研合一"理念对德国高校教育产生关键性影响，并成为高校人才培养和科技研发的指南。德国有超过一半的高校将学校的发展定位为应用创新，并且比例逐步提高。"二战"以后，德国以高校为启动载体，陆续成立以大学为依托结合中小企业发展为一体的研究机构，开展创业和创新方面的研究，重视知识共享并强调加速创新。

第四节　国外中小企业生态性自主创新成长的典型案例

案例一：美国硅谷创新生态

美国硅谷是闻名全球的创新与创业中心，始建于 20 世纪 50 年代斯坦福大学在创办的斯坦福工业园区。由于起初以半导体制造业为主，而硅是半导体制造的主要原料，加上地处峡谷，所以称之为"硅谷"。斯坦福工业园区建立后，吸引了大量的科技人才和风险投资，成为优秀企业的生长栖息地，产生了超过万家的科技创新公司，其中包括苹果、英特尔、谷歌、特斯拉等全球科技领先企业。美国硅谷的创新生态在全球中处于领先地位，世界各国构建创新生态系统时争相效仿①。

一、硅谷创新生态结构②

硅谷创新生态系统由政府、企业、大学与科研机构、金融投资机构等构成，它们在硅谷创新生态中各司其职：第一，政府是硅谷创新生态的保障者。其功能主要是投入大量的基础研究基金、制定和实施促进和保护创新创业的相关政策和法律、建设创新基础设施、提供职业技术教育与培训服务等。第二，创新型企业、大学等是硅谷创新生态中活跃的创新主体。硅谷聚集了大量的创新型企业、全球一流大学和各类研发机构，为硅谷创新生态提供了人才支持和技术支持，并通过产学研一体化机制，实现科技与经济的良性循环。第三，各类金融机构和中介服务机构是维系硅谷创新生态的纽带，是连接企业与科研、企业与市场、企业与企业的关键环节。需要指出的是，硅谷创新生态系统中存在大量充满活力的科技型中小企业，这些充满活力的科技型中小企业形成了大大小小的中小企业集群，彼此之间合作竞争，生生灭灭，是硅谷创新生态得以保持持续竞争优势的重要原因。

二、硅谷创新生态成功的主要经验③

硅谷创新生态的成功经验主要体现在：第一，硅谷具有良好的创新创业环境。硅谷的创新创业环境激励和吸引了全球许多充满创新创业热情的创业者，并且形成了全面开放、积极创新和容忍创新失败的氛围，整个创新生态生机勃勃。第二，硅谷创新生态内形成了较为规范的协同机制。在硅谷创新生态内，政府、企业、大学、科研机构、金融机构、中介服务机

---

① 王海军，金姝彤，束超慧，战睿. 为什么硅谷能够持续产生颠覆性创新？——基于企业创新生态系统视角的分析 [J]. 科学学研究，2021，39（12）：2267-2280.

② 长城企业战略研究所. 硅谷创新生态的构成及基本规律 [J]. 新材料产业，2016（03）：64-67.

③ 万贤贤，张春强，赵可，宋勇刚. 美国硅谷区域创新创业生态系统分析及其对中国的启示 [J]. 中国商论，2018（25）：72-74.

构等形成了较为规范的协同机制，推动硅谷创新生态能够形成互惠共生，协同演化的产学研一体化体系，实现科技与经济的良性循环。第三，具有充满创新精神的大学和研发机构。这些大学和研究机构紧密结合硅谷创新实践的需要，培养了大批创新人才，取得了大量创新成果，并能够将创新成果成功市场化。

案例二：荷兰埃因霍温高科技园区中小企业创新生态

一、埃因霍温高科技园区中小企业创新生态形成的历程

埃因霍温（Eindhoven）高科技园位于荷兰南部北布拉邦省埃因霍温市。1891 年，在埃因霍温市成立的飞利浦电灯制造公司和飞利浦研究实验室，推动了埃因霍温由农业区向工业区的转变，从传统生产转向创新发展。埃因霍温市政府将埃因霍温的城市发展与飞利浦公司紧密结合，形成了"产城联合发展"的态势，为埃因霍温高科技园区的产生打下了良好基础。"二战"后，飞利浦等大企业不断扩张，成立了飞利浦高科技园，将埃因霍温及周边的大学、研究机构、企业等引入其中，形成协同创新的创新生态系统，营造创新氛围。随着 20 世纪末全球制造业冲击，以制造业为主的飞利浦公司受到很大冲击，作为飞利浦大本营的埃因霍温因此成为一座"衰落之城"，大量制造企业倒闭，城市再生和发展面临着转型的压力。飞利浦公司为了应对冲击，抓住工业革命和信息革命大潮的机遇，不断转型升级，将飞利浦高科技园区更名为埃因霍温高科技园区，向其他科技公司和研究机构开放，吸引更多的创新要素和创新机构进入创新生态系统，随后将埃因霍温高科技园区出售给运营开发商 Chalet Group，在专业化运营下，大量来自美国、亚洲的科技公司进入到埃因霍温高科技园区，许多全球知名企业都与埃因霍温高科技园建立了密切的联系。在开放式创新理念的主导下，埃因霍温高科技园形成了由大型跨国公司、中小企业、研究机构、创业团队、服务机构五大类主体组成的完整的中小企业创新生态，埃因霍温市被誉为"最具创新精神的城市"，埃因霍温高科技园

区被称为"欧洲大脑"①。

二、埃因霍温高科技园区构建中小企业创新生态的经验

通过埃因霍温高科技园中小企业创新生态形成历程的回顾，埃因霍温高科技园区中小企业创新生态的经验是：通过飞利浦公司形成产业链，形成"龙头企业+中小创新企业+公共服务平台+高校"的创新生态。在此生态内，龙头企业与相关高校以应用基础研究为目标，通过技术创新、科技成果转化等环节，以共建联合实验室、协作创新平台等方式，建立和开展全面战略合作，形成中小企业生态性创新网络运行机制。与此同时，龙头企业在聚集国际人才方面能够发挥主阵地作用，通过国际人才交流与合作，继续孵化出一批与国际接轨的创新创业载体、中介服务机构等，形成研发服务、科技金融、成果转化、创业孵化、学术交流等各类服务平台，由一家企业创新生态系统逐步发展成为包括多家跨国企业和中小企业的，具有国际一流水平的创新生态系统。在埃因霍温中小企业创新生态系统的构建中，还注意拓展创新生态系统的功能，科研与商务互补，提高园区开放创新的服务品质；科技与文化协同，形成园区创新生态系统的内生驱动力。

案例三：日本中小企业在创新系统生态位上的演化

一、创新生态系统生态位上的日本中小企业

日本中小企业在日本经济中发挥了重要作用，但长期以来在日本经济中依附于大企业。"二战"后，日本以倾斜政策加快大企业发展，以大企业的规模优势推动经济快速回复和走向高速发展，中小企业从属地位进一步固化。在日本的创新生态系统中，创新资源大多流向大企业，中小企业

---

① 吕康娟，黄俐，刘蕾，程余，潘敏杰. 荷兰埃因霍温高科技园区数字化转型研究 [J]. 全球城市研究，2022（03）：157-158.

处于附庸地位，很难在短期内进入快速发展的轨道，受制于大企业的发展步伐，一旦大企业出现问题，整个创新生态系统将面临崩溃的危险，与之相应的是，美国创新生态系统中的中小企业与大企业优势互补，开展融通创新，使得美国创新生态系统的竞争优势在世界上名列前茅。由于缺乏对创新型中小企业的培育，日本创新生态系统表现乏力。为了扭转经济发展的颓势，更好地利用中小企业在成本、技术和资源上的比较优势，日本开始扶持中小企业创新发展。中小企业被视为企业家精神、创新和就业的主要来源，政策目标也不再从避免直接和大企业竞争来被动保护中小企业，而是对中小企业采用积极保护的做法，通过激励中小企业创新，推动独立的中小企业富有多样性和充满活力的成长与发展①。

二、日本中小企业在创新生态系统中的生态位演化方式②

第一，通过开发细分市场、提高生产率和技术创新，降低中小企业生态位重叠度。中小企业生态位重叠程度与生产率呈反向变动趋势，即在生产率水平较低的市场里中小企业生态位重叠现象较为严重。为了降低中小企业生态位重叠程度，日本政府以"战略核心技术促进计划""小企业创新研究计划"等为依托，通过产学研合作体系提供中小企业研发创新所需要的资金、技术和人才，推动中小企业以做专、做精、做深来提高生产率，占据创新生态系统中的优势生态位。例如，日本树研工业株式会社生产的超小齿轮占全球市场份额的70%以上，是名副其实的"隐形冠军"。

第二，以更多的交易对象和更具流动性的交易关系突破原有固化的生态位。利用国家鼓励中小企业提升主体地位的契机，许多中小企业通过技术积累和管理创新扩大了生态位宽度，迈入了创新成长的新发展阶段。例如，创建于1968年的日本滨野制作所通过技术创新和管理创新，将客户

---

① 荀尤钊，吕琳媛．"创新生态"视角下中小企业问题探析——日本的启示［J］．科学与管理，2014，34（05）：38-45.

② 范思琦．日本中小企业生态位演化研究及经验借鉴［J］．现代日本经济，2019（02）：59-68.

由 4 家大企业拓展为 1500 家企业，极大拓宽了在创新系统中的生态位，成为高增长的中小企业。

第三，政府有针对性的扶持。日本的"强政府"干预一直在日本中小企业成长中扮演着重要角色，中小企业的市场定位和发展方向也受到了政府强有力的引导。日本政府出台了大量针对中小企业的法律法规。这些法律法规覆盖了企业建立、经营、管理、融资、创新、人才培养、跨国活动等各个环节，并随着国际国内环境变化及时修订调整，相关政策措施落实到位，具有全面性和动态性。

第五节　国内外经验对西部中小企业生态性自主创新成长的启示

通过国内外中小企业生态性自主创新成长经验的回顾和典型案例考察，可以发现中小企业生态性自主创新成长是中小企业实现可持续成长的可行模式，国内发达地区和发达国家在这方面已经开展了富有成效的实践，积累的经验对西部中小企业生态性自主创新成长富有启发意义。

一、注重构建中小企业生态性创新网络

中小企业生态性自主创新成长有明显成效的国家或地区，都构建有体系完备、功能多样的中小企业生态性创新网络，涵盖中小企业创新过程的各个环节，包括科技、经济、生活多方面内容。中小企业生态性创新网络通过互惠共生和协同演化促进中小企业可持续成长。因此，在促进西部中小企业生态性自主创新成长中，要构建起高效的中小企业生态性创新网络，在中小生态性创新网络内，以形成互惠共生的网络结构和产生协同演化机制为根本，促进产学研一体化，通过生态性创新网络优化，产生源源不断的中小企业生态性自主创新成长动力。

二、发挥中小企业在创新中的积极作用

中小企业与大企业在经济发展中的作用没有主次之分，所有的大企业都是从中小企业成长起来的，即便在成长为大企业后，也需要大量中小企业在创新、生产和经营的各个环节协同，才能顺利运行。在技术创新与制度创新实践中，中小企业往往发挥着试验田和先行者的作用，因此，中小企业的生态性自主创新成长并不是被动型的成长，而是中小企业发挥主观能动性的生态性自主创新成长。中小企业不仅仅是创造就业，维持社会稳定的工具，也不仅仅是大企业的补充，而是和大企业一样，是实现技术创新、提高竞争力和高质量发展的根本推动力。因此，在市场规则设计、支持创新的公共政策制定、政府采购合同支持等方面，应面向整个产业链条，给予中小企业和大企业一样的地位，同时，发挥大企业带动中小企业一起发展，确保中小企业在生态性创新网络的核心地位，才能有效促进西部中小企业生态性自主创新成长。

三、积极发挥政府全方位的支持作用

中小企业规模较小，组织化程度低，市场竞争能力先天不足，抗风险能力不高，无论是发达国家还是国内发达地区，在形成中小企业商业生态系和构建中小企业生态性创新网络过程中，都离不开政府在政策法规、研发资本投入、知识产权保护、创新基础设施建设等方面有力的、全方位的支持。政府通过建设高质量中小企业自主创新成长所需营商环境，为中小企业生态性自主创新成长的商业生态系统和生态性创新网络的构建提供支持。

四、注重市场化的产学研体系建设

市场经济是现代经济的基本制度，创新资源的有效配置和高效利用、创新成果的经济价值等都需要通过市场才能得以实现。西部中小企业生态性自主创新成长是以中小企业为核心，产学研各方在市场经济下以互惠共

生和协同演化实现协同创新和价值共创的过程，产学研是协同机制得以实现的重要保障。因此，在中西部小企业自主创新成长中，要以市场为导向，形成市场化的产学研协同创新机制，推进高校、科研机构与中小企业进行形式多样的交流合作，实现科技与经济的良性循环，确保中小企业自主创新成长的可持续性。

第八章　西部中小企业生态性自主创新成长实证考察与分析

中小企业占西部企业的多数，是西部地区国民经济和社会发展中一支重要力量。随着西部大开发的步伐加快，西部中小企业在确保国民经济稳定增长、缓解就业压力、优化经济结构、促进市场竞争、推进技术创新、促进市场繁荣、方便群众生活、保持社会稳定、维护自然生态环境质量等方面的作用愈加重要。2018 年末，西部地区中小微企业数量达 307.2 万家，比 2013 年末增加 174.2 万家，增长 131%，占全部中小微企业的 17%，比 2013 年末提高了 1.2 个百分点。应该看到，由于历史与现实、技术与政策、自然与人文、制度与非制度等多方面原因，西部中小企业在数量和质量上与东部中小企业仍有较大差距，2018 年末，东部地区中小微企业数量占全国中小微企业的 61.7%，平均营业收入分别比中部和西部地区中小企业高 11.9% 和 12.1%[①]，西部中小企业生态性自主创新成长任重道远。

---

① 资料来源：国家统计局发布的《中小微企业成为推动经济发展的重要力量——第四次全国经济普查系列报告之十二》。

第一节　西部中小企业生态性自主创新能力分析①

一、西部中小企业生态性自主创新成长一般特征

西部中小企业与所在地的社会经济与文化、自然生态环境等关系密切，在生态性自主创新成长中表现出多元性、阶段性、开放性、低效性等特征。自西部大开发以来，西部中小企业创新网络越来越受到国内发达地区中小企业创新网络乃至全球企业创新网络的影响，开放式创新特征日益显著。西部中小企业以双向开放从西部区域内外集聚能量，借助内外合力增强自主创新能力。西部中小企业生态性自主创新成长一般特征具体表现在以下几方面：

（一）西部中小企业生态性自主创新成长多元性

西部中小企业生态性自主创新成长的多元性主要表现为：第一，西部中小企业生态性自主创新模式多元。西部中小企业分布的产业广泛，自主创新水平参差不齐，自主创新的模式各异，既包括适应传统产业的利用式自主创新，也包括适合新兴产业的探索式自主创新，既有本地中小企业集群自主创新，也有区域间中小企业集群协同创新等。第二，西部中小企业生态性自主创新成长的目标多元：①一些资源型中小企业对自然环境破坏较为严重，与当地生态环境之间存在断裂，这些中小企业生态性自主创新成长的重点是转型升级。②不少西部中小企业的管理仍为作坊式管理和家族式管理的传统企业管理模式，亟须转变为与自主创新成长相适应的现代

---

① 覃巍，梁权熙．西部地区中小企业创新成长能力研究：基于广西中小企业的问卷调查 [J]．经济体制改革，2015（05）：85-91．

企业管理模式。③西部中小企业集群的总体水平较低，专业化分工、品牌声誉营造和网络协作等创新行为还较为少见，培养中小企业家精神的工作是当务之急。

（二）西部中小企业生态性自主创新成长阶段性

西部中小企业生态性自主创新成长过程可分为突破性自主创新成长阶段和非突破性自主创新成长阶段。当前西部中小企业自主创新能力基础较为薄弱，更适宜开展非突破性自主创新，处于非突破性自主创新成长阶段，通过非突破性创新和非正式创新的积累，不断提升生态性自主创新成长能力。

（三）西部中小企业生态性自主创新成长开放性

西部大开发明显推动了西部地区市场经济建设进程，西部地区市场经济建设取得显著成效，市场开放程度日益提高，对内和对外经济交流日益活跃，推动了西部地区中小企业开放式创新能力不断加强，积极从西部地区内外吸纳中小企业自主创新要素和联结自主创新相关主体，不断拓宽中小企业生态性创新网络范围和提升中小企业生态性创新网络质量。

二、西部中小企业生态性创新网络分析

西部中小企业和其他地区的中小企业一样，生态性自主创新成长涉及来自中小企业商业生态系统的社会文化、国内外经济形势、自然生态、政府、行业动态、人力资源、金融资源、技术、市场等方面的因素。与经济发达的东部地区相比，处于经济欠发达地区的西部中小企业在组织形式上更为分散、创新起点更低、与生态环境关系更密切，生态保护和水土保持的任务更艰巨，因此，西部中小企业生态性自主创新成长较之东部地区更具复杂性。

结合西部地区特征和中小企业自主创新成长内外因素，我们可以把西部中小企业生态性自主创新成长因素进一步具体归纳为西部中小企业年龄、西部中小企业规模、西部中小企业成长阶段、西部中小企业原发性程

度①、西部中小企业的制度环境、政府对西部中小企业的扶持、西部中小企业的商会组织、西部中小企业家特征（企业家精神）、西部中小企业自主创新模式等，这些中小企业自主创新成长因素来自西部中小企业商业生态系统，分布以西部中小企业为核心，以西部中小企业持续盈利能力、西部中小企业同行竞争能力、西部中小企业抵抗风险能力和西部中小企业自主创新发展能力四个维度构成西部中小企业生态性创新网络上。西部中小企业在生态性自主创新成长中需要统筹生态性企业创新网络多维度上的西部中小企业自主创新成长要素，通过互惠共生和协同演进机制，持续实现动态协同创新，获得竞争优势，从而实现西部中小企业生态性自主创新成长。

西部中小企业生态性自主创新网络的基本结构如图 8-1 所示。

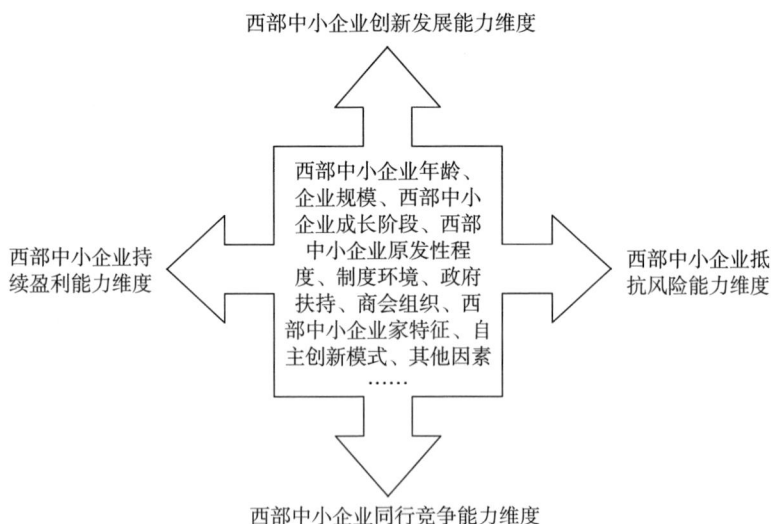

图 8-1　西部中小企业生态性自主创新网络基本结构

---

① 中小企业原发性程度是中小企业对所在地自然要素禀赋、民间资本、劳动力、消费市场等的依赖程度。

三、西部中小企业生态性自主创新成长能力函数

为了更好地分析西部中小企业自主创新成长因素对西部中小企业生态性自主创新成长能力的贡献，可建立起以下西部中小企业生态性自主创新成长能力函数：

$$F = f(A, S, O, I, G, B, L, M, \varepsilon) \tag{8-1}$$

其中，F 表示西部中小企业生态性自主创新成长能力；A 表示西部中小企业年龄；S 表示西部中小企业规模；O 表示西部中小企业原发性程度；I 表示西部中小企业制度环境；G 表示政府对西部中小企业的扶持；B 表示西部中小企业商会组织；L 表示西部中小企业家特征（性别、年龄、学历）；M 表示西部中小企业自主创新模式（模范创新、独立创新、协同创新）；ε 表示其他因素。

各主要变量的说明如表 8-1 所示。

表 8-1　各主要解释变量说明

变量名称	变量说明
西部中小企业年龄	用成立年限的自然对数，成立年限＝2014-成立年度。（截至 2014 年）
西部中小企业规模	用中小企业销售收入的自然对数表示
西部中小企业原发性程度	采用 7 点 Likert 尺度量表，设置三个有关西部中小企业原发性的描述性语句，根据西部中小企业的实际经营情况对描述语句的赞同程度进行打分，1 表示"非常不同意"，2 表示"不同意"，3 表示"有些不同意"，4 表示"中立"，5 表示"有些同意"，6 表示"同意"，7 表示"非常同意"。这三个有关企业经营特征的描述分别为："西部中小企业的生存和发展受到当地文化和习俗的影响非常大""西部中小企业的生产经营过程主要依靠当地的资源和劳动力""西部中小企业立足于当地的消费市场，客户主要来自本市（县）"。在获得以上三个陈述的评价得分后，采用三个得分的平均值来作为西部中小企业原发性程度的测度指标
西部中小企业制度环境	采用 7 点 Likert 尺度量表，对"贵企业所在地区的知识产权（技术专利）保护比较完善，因此企业具有很强的创新动力"的陈述的赞同程度进行打分，1 表示"非常不同意"，7 表示"非常同意"

变量名称	变量说明
政府扶持西部中小企业的力度	采用5点 Likert 尺度量表进行打分，1表示"非常弱"，2表示"比较弱"，3表示"中立"，4表示"比较强"，5表示"非常强"
西部中小企业商会组织	虚拟变量，加入商会组织取1，否则取0
西部中小企业家性别	虚拟变量，男取1，女取0
西部中小企业家年龄	西部中小企业家生理年龄
西部中小企业家学历	对西部中小企业家的学历进行打分，高中及以下1分，大专2分，本科3分，硕士4分，博士5分
西部中小企业独立创新	采用5点 Likert 尺度量表，对企业采取独立创新的技术创新方式和途径的比重（可能性）进行评价，1表示"比例很小"，2表示"比例比较小"，3表示"中立"，4表示"比例比较大"，5表示"比例非常大"
西部中小企业模仿创新	采用5点 Likert 尺度量表，对企业采取模仿创新的技术创新方式和途径的比重（可能性）进行评价，1表示"比例很小"，2表示"比例比较小"，3表示"中立"，4表示"比例比较大"，5表示"比例非常大"
西部中小企业协同创新	采用5点 Likert 尺度量表，对企业采取协同创新的技术创新方式和途径的比重（可能性）进行评价，1表示"比例很小"，2表示"比例比较小"，3表示"中立"，4表示"比例比较大"，5表示"比例非常大"

此外，还引入行业虚拟变量来控制行业效应的影响。

四、西部中小企业生态性自主创新成长能力实证研究

（一）数据收集

由于西部地区地域辽阔，中小企业地理分布较分散且行业分布广泛。西部中小企业自主创新成长能力和成长水平参差不齐，开展全面研究的难度大，有效的研究方式是采用标本式的典型研究。广西地处西部，经济与社会发展水平、中小企业的发育程度在西部地区处于中等水平，自然生态环境具有西部地区自然环境的一般特征。广西毗邻中部和东部省份，东西部区域合作的表征显著。因此，广西的中小企业具备西部中小企业的一般特征，可以作为实证研究的研究标本。基于此，项目组对桂中、桂西北、桂西南、桂东南地区的柳州、百色、玉林、梧州、崇左四市七县（区）的

中小企业进行了问卷调查研究①，共发放问卷 230 份，回收的问卷中有效问卷为 167 份，问卷有效回收率为 72.6%②。

（二）样本中小企业生态性自主创新成长能力的描述性统计

主要解释变量的样本描述性统计量如表 8-2 所示。由表 8-2 可知，西部中小企业自主创新成长能力最小值为 1.000，最大值为 5.000，均值为 3.182，标准差为 0.824。这表明不同的西部中小企业的自主创新成长能力较为明显的差异。样本中小企业的最大年龄为 60.000 年，最小年龄为 1.000 年，平均年龄为 10.960 年，标准差为 10.560 年，表明样本中小企业的年龄符合中小企业整体年龄跨度大的现实，可作为识别处于不同自主创新成长阶段的中小企业具有不同自主创新成长能力的依据。样本中小企业中，28.2% 的中小企业加入了不同类型的中小企业商会组织；中小企业领导者中，男性占 84.3%；平均年龄为 44.000 岁，其中最小的年龄为 27.000 岁，最大的年龄为 70.000 岁；从学历来看，企业领导者的平均学历为大专，学历偏低。

表 8-2　样本中小企业生态性自主创新成长主要解释变量的描述性统计量

Variables	N	Mean	Std. dev.	Min	25th Pctl.	Median	75th Pctl.	Max
持续营利能力	167	3.237	0.921	1.000	3.000	3.000	4.000	5.000
同行竞争能力	167	3.355	0.909	1.000	3.000	3.000	4.000	5.000
抵抗风险能力	167	3.144	0.914	1.000	3.000	3.000	4.000	5.000
创新发展能力	167	3.012	1.053	1.000	2.000	3.000	4.000	5.000
综合创新成长能力	167	3.182	0.824	1.000	2.750	3.250	3.750	5.000
中小企业年龄	167	10.960	10.560	1.000	5.000	8.000	13.000	60.000
中小企业规模	164	5.382	2.119	1.099	3.912	5.412	6.908	10.400
中小企业原发性程度	166	4.546	1.049	1.000	4.000	4.667	5.333	7.000
外部制度环境	167	4.006	1.315	1.000	3.000	4.000	5.000	7.000
政府扶持力度	167	2.898	1.016	1.000	2.000	3.000	4.000	5.000

①　由于西部只有广西沿海，为了满足代表性，在调查中没有选取广西沿海地市的中小企业。

②　通过了信度和效度检验。过程略去。

续表

Variables	N	Mean	Std. dev.	Min	25th Pctl.	Median	75th Pctl.	Max
加入商会组织	167	0.282	0.451	0.000	0.000	0.000	1.000	1.000
领导者性别	166	0.843	0.365	0.000	1.000	1.000	1.000	1.000
领导者年龄	158	44.09	8.316	27.000	39.000	43.500	49.000	70.000
领导者学历	159	2.214	0.917	1.000	1.000	2.000	3.000	5.000
独立创新	162	2.938	1.079	1.000	2.000	3.000	4.000	5.000
模仿创新	162	3.049	1.038	1.000	2.000	3.000	4.000	5.000
协同创新	161	2.907	0.999	1.000	2.000	3.000	4.000	5.000

（三）样本中小企业生态性自主创新能力的若干单因素分析

1. 行业分布差异对西部中小企业生态性创新成长能力的影响

本调查涉及众多行业的中小企业，包括工业、建筑业、纺织服装业、批发零售业、电子、农副产品加工、住宿餐饮服务业、医药以及其他行业九个行业类别，具有一定的行业分散度，其中占比最高的为工业行业的样本（33.5%），其次是批发零售业样本（13.2%），占比最小的是电子行业和医药行业样本（均为3%）。

表8-3是以平均值表现的不同行业的样本中小企业生态性自主创新成长能力。从持续盈利能力来看，平均持续盈利能力最强的为住宿餐饮服务业中小企业（3.556），其次是农副产品加工业的中小企业（3.538），再次是电子行业和医药行业的中小企业（均为3.400），其他行业的中小企业平均持续盈利能力最弱（2.971）；从市场竞争能力来看，平均市场竞争能力最强的是建筑行业的中小企业（3.800），农副产品加工业的中小企业次之（3.615），平均市场竞争能力最弱的是纺织服装行业样本中小企业（3.077）；从抵抗风险能力来看，抵抗风险能力最强的是农副产品加工业的中小企业（3.538），其次是医药行业中小企业（3.400），最弱的是纺织服装业的中小企业（2.846）；从创新发展能力来看，平均得分最高的是建筑业的中小企业（3.600），其次是批发零售业中小企业（3.318），住宿餐饮服务业中小企业的创新发展能力最弱（2.444）；从创

新成长的综合能力得分来看，综合创新成长能力最强的是农副产品加工业的中小企业（3.500），其次是建筑业（3.425），再次是医药行业（3.313），综合创新成长能力最弱的是其他行业（2.956）。

表8-3　西部地区中小企业生态性自主创新成长能力的行业特征（平均值）

行业	样本数	持续盈利能力	市场竞争能力	抵抗风险能力	创新发展能力	平均得分
工业	56（33.5%）	3.304	3.351	3.232	3.128	3.246
建筑业	10（6.0%）	3.100	3.800	3.200	3.600	3.425
纺织、服装业	13（7.8%）	3.231	3.077	2.846	2.769	2.981
批发、零售业	22（13.2%）	3.174	3.364	3.091	3.318	3.216
电子行业	5（3.0%）	3.400	3.200	3.000	3.000	3.150
农副产品加工业	13（7.8%）	3.538	3.615	3.538	3.308	3.500
住宿、餐饮服务业	9（5.4%）	3.556	3.333	3.000	2.444	3.083
医药行业	5（3.0%）	3.400	3.400	3.400	2.750	3.313
其他行业	34（20.4%）	2.971	3.257	3.257	2.618	2.956
全样本	167	3.237	3.355	3.144	3.012	3.182

综合以上各项得分，西部地区农副产品加工业、建筑业和医药行业的中小企业生态性自主创新成长能力较强，这与西部地区是农业资源丰富且农产品种类众多、西部不少省份正在进行基础设施的"补课"的实际相吻合。住宿餐饮行业中小企业持续盈利能力最强，主要是依靠住宿和餐饮刚性需求实现，较少依靠中小企业的创新实现；而纺织业、服装业的中小企业生态性自主创新成长能力较低，表现说明西部中小企业生态性自主创新成长能力在传统行业的资源型产业中小企业上表现更为突出。

2. 不同企业成长阶段对创新成长能力的影响

表8-4描绘了在不同生态性自主创新成长阶段（以企业年龄表示）自主创新成长能力（以平均值表示）各不相同：第一，在中小企业初创阶段（1~3年），中小企业生态性自主创新成长能力处于较高水平，且上升趋势较为明显。第二，在进入稳定成长阶段后（4~12年），中小

企业生态性自主创新成长能力稍有下降并保持较长时间的相对稳定。第三、13年之后，中小企业自主创新能力出现明显的持续下降之势。在分析中，考虑到西部中小企业自主创新多为非突破性自主创新，有一定的平稳性，我们取每三年的平均值来体现这种平稳性，从而能够更好地观察自主创新成长能力的长期变化趋势。从表8-4中可发现，随着中小企业年龄的增长，中小企业的生态性自主创新成长能力呈现出稳步下降的势头。

表8-4　中小企业生态性自主创新成长阶段的自主创新成长能力

企业年龄	样本数	持续盈利能力	市场竞争能力	抵抗风险能力	创新发展能力	平均得分	平均得分
1	7	3.571	3.286	3.143	3.500	3.417	
2	5	3.400	3.800	3.400	3.600	3.550	3.508
3	21	3.619	3.762	3.400	3.300	3.525	
4	6	2.833	3.333	2.667	3.000	2.958	
5	19	3.158	3.526	3.000	3.263	3.237	3.143
6	8	3.125	3.375	3.000	2.750	3.063	
7	15	3.067	3.267	3.133	3.000	3.117	
8	8	3.875	3.778	3.625	3.667	3.719	3.285
9	5	3.200	3.000	3.600	2.600	3.100	
10	11	3.182	2.909	2.909	2.727	2.931	
11	4	3.200	3.250	3.500	3.250	3.188	3.091
12	15	3.400	3.400	3.133	2.800	3.183	
13	3	3.667	3.333	3.333	3.000	3.333	
14	6	2.667	2.833	3.000	2.667	2.792	2.958
15	3	3.333	3.000	3.000	2.333	2.917	
>15 年	35	3.000	3.171	3.028	2.714	2.978	2.978

3. 企业规模差异对中小企业生态性自主创新成长能力的影响

表8-5是规模差异对西部中小企业生态性自主创新成长的影响情况。根据问卷调查结果，中小企业规模对西部中小企业生态性自主创新成长能力有较为明显的影响，两者之间大致呈反向关系。

表8-5 中小企业规模与生态性自主创新成长能力（平均值）

创新成长能力	企业规模 规模最小——规模最大				Difference
	（1）	（2）	（3）	（4）	（1）～（4）
持续盈利能力	3.302	2.878	3.142	3.604	−0.302*
市场竞争能力	3.279	3.095	3.357	3.690	−0.411**
抵抗风险能力	2.976	2.829	3.190	3.571	−0.595***
自主创新发展能力	2.952	2.833	2.926	3.333	−0.381*
综合创新成长能力	3.125	2.896	3.158	3.541	−0.416***

注：*、**和***分别表示检验统计量在10%、5%和1%的显著性水平。

4. 中小企业原发性程度对西部中小企业生态性自主创新成长能力的影响

根据原发性程度将样本中小企业划分为四个组，然后再根据成长阶段划分为四个组，如表8-6所示。由表8-6可知，在保持原发性程度相同的情况下，中小企业生态性自主创新成长能力呈现下降趋势，这与表8-4的结果相互验证。

表8-6 中小企业原发性程度、成长阶段与生态性自主创新成长能力

	成长阶段（Age/年）		原发性程度 最弱——最强				Difference
			（1）	（2）	（3）	（4）	（1）～（4）
持续盈利能力	Age≤5年	（1）	3.533	3.214	3.285	3.400	0.133
	5<Age≤10年	（2）	3.461	3.222	3.142	3.181	0.280
	10<Age≤15年	（3）	3.286	3.000	3.142	3.454	−0.168
	>15年	（4）	2.714	2.916	3.428	2.833	−0.119
	Difference（1）～（4）		0.819**	0.298	−0.143	0.567*	—
市场竞争能力	Age≤5年	（1）	3.867	3.214	3.357	3.866	1.000
	5<Age≤10年	（2）	3.142	3.444	3.428	3.090	0.052
	10<Age≤15年	（3）	3.143	3.000	3.428	3.300	−0.157
	>15年	（4）	3.000	3.250	3.714	2.666	0.333
	Difference（1）～（4）		−0.035	−0.357	−0.357	1.200**	—

成长阶段（Age/年）		原发性程度 最弱——最强				Difference
		（1）	（2）	（3）	（4）	（1）~（4）
抵抗风险能力	Age≤5 年 （1）	3.600	3.000	2.857	3.142	0.457*
	5<Age≤10 年 （2）	3.153	3.444	3.071	3.181	−0.027
	10<Age≤15 年 （3）	3.143	3.000	3.142	3.300	−0.157
	>15 年 （4）	2.857	2.916	3.571	2.833	0.024
	Difference（1）~（4）	0.743**	0.083	−0.714*	0.309	—
创新发展能力	Age≤5 年 （1）	3.267	3.357	2.857	3.769	−0.502
	5<Age≤10 年 （2）	3.214	2.888	3.000	2.727	0.487*
	10<Age≤15 年 （3）	2.857	2.714	3.142	2.600	0.257
	>15 年 （4）	2.714	2.750	3.428	2.000	0.714**
	Difference（1）~（4）	0.552*	0.607*	−0.571	1.769***	—
综合生态性自主创新成长能力	Age≤5 年 （1）	3.566	3.196	3.089	3.576	−0.010
	5<Age≤10 年 （2）	3.212	3.250	3.160	3.045	0.166
	10<Age≤15 年 （3）	3.107	2.928	3.214	3.125	−0.018
	>15 年 （4）	2.821	2.958	3.535	2.583	0.238
	Difference（1）~（4）	0.745**	0.238	−0.446	0.993**	—

注：*、**和***分别表示检验统计量在10%、5%和1%的显著性水平。

（四）样本中小企业生态性自主创新成长能力的多元回归分析

将影响西部中小企业生态性自主创新成长的主要因素代入西部中小企业生态性自主创新成长能力函数中，对各因素对西部中小企业生态性自主创新成长的影响效应进行多元回归分析。以西部中小企业自主创新成长的综合能力指标为因变量，对上述西部中小企业生态性自主创新要素进行回归，结果如表8-7所示。系数下方括号内报告的是经异方差调整的稳健 t 统计量。在所有回归中，均引入行业虚拟变量来控制行业效应的影响，采用逐步回归法进行分析。

表 8-7　西部中小企业生态性自主创新成长能力影响因素的多元回归结果

	因变量：综合创新成长能力得分						
	（1）	（2）	（3）	（4）	（5）	（6）	（7）
企业年龄	-0.017** (-2.532)	-0.016** (-2.375)	-0.012** (-2.199)	-0.012** (-2.438)	-0.012** (-2.297)	-0.010* (-1.909)	-0.012*** (-2.627)
企业规模	0.121*** (3.127)	0.123*** (3.132)	0.098*** (2.656)	0.086** (2.388)	0.078** (2.112)	0.074* (1.762)	0.073* (1.948)
企业原发性程度	—	-0.008 (-0.115)	-0.041 (-0.648)	-0.031 (-0.486)	-0.038 (-0.603)	-0.019 (-0.291)	0.039 (0.631)
外部制度环境	—	—	0.185*** (3.893)	0.149*** (3.042)	0.144*** (2.920)	0.152*** (2.870)	0.132** (2.445)
政府扶持力度	—	—	—	0.192** (2.505)	0.190** (2.488)	0.224** (2.533)	0.167** (2.203)
加入商会组织	—	—	—	—	0.189 (1.507)	0.119 (0.880)	0.089 (0.732)
领导者性别	—	—	—	—	—	0.186 (1.024)	0.126 (0.921)
领导者年龄	—	—	—	—	—	-0.013* (-1.933)	-0.013** (-2.168)
领导者学历	—	—	—	—	—	-0.003 (-0.051)	-0.029 (-0.463)
独立创新模式	—	—	—	—	—	—	0.243*** (4.097)
模仿创新模式	—	—	—	—	—	—	0.132** (2.006)
合作创新模式	—	—	—	—	—	—	-0.036 (-0.432)
常数项	2.842*** (10.942)	3.091*** (6.303)	2.347*** (5.839)	2.018*** (4.266)	2.023*** (4.260)	2.277*** (4.391)	1.137** (2.334)
行业效应	控制	控制	控制	控制	控制	控制	控制
F-统计量	3.19***	4.74***	4.60***	4.88***	4.18***	4.18***	7.24***
调整的 R^2	0.110	0.114	0.203	0.247	0.252	0.242	0.409
样本量	160	159	158	157	157	148	142

注：估计系数下括号内报告的是异方差稳健的 t 统计量；*、** 和 *** 分别表示检验统计量在 10%、5% 和 1% 的显著性水平。

在回归（1）中只引入中小企业年龄和中小企业规模两个因素变量，回归结果显示：中小企业年龄的系数在5%的水平显著为负（t值为-2.532），表明随着中小企业成立年限的增加，其生态性自主创新成长能力将逐步减弱，进一步验证了前文单因素分析的结果；在中小企业规模因素方面，在控制了中小企业年龄之后，中小企业的生态性自主创新成长能力与中小企业规模呈同向变化。

在回归（2）引入中小企业原发性程度变量，中小企业原发性程度变量的系数为负，但不具备统计显著性，表明中小企业原发性程度与中小企业生态性自主创新成长有关系，但并未起到主要影响作用，与前文的单因素分析结果是一致的。表明西部传统产业的中小企业同样也具备生态性自主创新成长的能力。

在回归（3）引入外部制度环境变量，制度环境的系数估计值在1%的水平统计显著为正，表明地区法律制度环境对知识产权（技术专利）的保护越好，西部中小企业的生态性自主创新能力就越强。

在回归（4）进一步引入政府扶持力度变量，发现其系数估计值在1%的水平统计显著为正（t值高达3.042），表明政府扶持能够显著提升西部中小企业生态性自主创新成长能力。

在回归（5）引入加入中小企业商会组织变量，发现加入中小企业商会组织的中小企业比未加入的中小企业具有更高的生态性自主创新成长能力，表明了中小企业组织化程度在西部中小企业生态性自主创新成长中重要作用。

在回归（6）引入中小企业家特征变量，结果显示中小企业家的性别和学历对西部中小企业的创新成长能力的影响均不显著，领导者年龄的系数估计值在10%的水平显著为负，表明中小企业领导人的年龄越大，中小企业生态性自主创新成长能力就越低。

在回归（7）中，引入中小企业的创新模式变量，形成完整的回归模型（full model），结果显示，在控制了其他因素之后，独立创新和模仿创新对中小企业的自主创新成长能力均具有显著的正向影响（t值分别为

4.097 和 2.006），但协同创新模式的影响不显著。并且，在完整回归模型中，中小企业年龄和中小企业家年龄的系数保持统计显著为负，中小企业规模、中小企业外部制度环境和政府扶持力度的系数保持统计显著为正，表明这些变量的系数估计结果对于不同的模型设定具有良好的稳健性。

表 8-8 是对西部中小企业生态性自主创新成长能力影响因素多元回归结果的稳健性测试，测试结果表明，表 8-7 的回归结果具有较好的稳健性。

表 8-8　西部中小企业创新成长能力影响因素的多元回归结果：稳健性测试

	持续营利能力	市场竞争能力	抵抗风险能力	创新发展能力	预期营业收入增长
	（1）	（2）	（3）	（4）	（5）
公司年龄	-0.011* (-1.816)	-0.017*** (-2.892)	-0.007 (-1.095)	-0.012** (-2.086)	-0.014** (-2.019)
公司规模	0.048 (1.097)	0.102** (2.412)	0.065 (1.314)	0.070 (1.645)	0.007 (0.131)
原发性程度	0.059 (0.703)	0.086 (1.187)	-0.003 (-0.034)	-0.000 (-0.002)	-0.025 (-0.287)
外部制度环境	0.100 (1.593)	0.041 (0.643)	0.112 (1.557)	0.281*** (3.988)	0.003 (0.037)
政府扶持力度	0.268*** (2.924)	0.160* (1.872)	0.110 (1.168)	0.102 (1.164)	0.152 (1.409)
加入商会组织	0.203 (1.306)	0.263* (1.795)	0.088 (0.528)	-0.110 (-0.660)	-0.051 (-0.314)
领导者性别	0.004 (0.025)	0.193 (1.186)	0.230 (1.260)	0.108 (0.613)	-0.129 (-0.695)
领导者年龄	-0.011 (-1.234)	-0.008 (-1.037)	-0.009 (-0.992)	-0.026*** (-3.164)	-0.012 (-1.309)
领导者学历	-0.090 (-1.056)	-0.023 (-0.322)	0.019 (0.199)	-0.027 (-0.295)	-0.118 (-1.166)
独立创新模式	0.197** (2.445)	0.307*** (4.297)	0.110 (1.159)	0.320*** (4.312)	0.123 (1.443)

续表

	持续营利能力	市场竞争能力	抵抗风险能力	创新发展能力	预期营业 收入增长
	(1)	(2)	(3)	(4)	(5)
模仿创新模式	0.162* (1.766)	0.075 (0.981)	0.252** (2.461)	0.073 (0.982)	0.107 (1.145)
合作创新模式	−0.058 (−0.551)	−0.034 (−0.328)	−0.076 (−0.717)	0.027 (0.323)	0.074 (0.559)
常数项	1.473** (2.045)	1.018** (1.981)	1.211 (1.565)	1.008 (1.530)	2.700*** (3.519)
行业效应	控制	控制	控制	控制	控制
F-统计量	3.89***	5.79***	3.21***	10.75***	1.161
调整的 R^2	0.296	0.343	0.182	0.463	0.034
样本量	142	143	142	143	143

注：估计系数下括号内报告的是异方差稳健的 t 统计量；*、**和***分别表示检验统计量在 10%、5% 和 1% 的显著性水平。

五、中小企业生态性自主创新成长状态访谈[①]

在问卷调查期间，项目组走访了位于广西柳州市鹿寨县两家中小企业：A 茧丝工贸有限公司（以下简称茧丝公司）、B 机械制造有限公司（以下简称机械公司）。这两家中小企业生产经营时间较长，发展均初具规模，且均已形成了比较稳定的生态性自主创新成长状态。两家中小企业负责人当面填写了调查问卷，并结合各自企业的实际，对中小企业商业生态系统、中小企业生态性创新网络以及中小企业自主创新发表了看法。通过访谈，有以下感受：

第一，关于中小企业人才。两家中小企业对人才都有稳定长期的需求，但两家企业所需求的人才类型不同，反映出不同行业中小企业人才结构还有较大差异：茧丝公司是传统型农产品加工企业，主要从事缫丝生

---

① 该部分只涉及所访谈的两家中小企业在访谈期间的生态性自主创新成长状态。

产，工艺简单，可以很快就培训上手，对工人的技术水平要求不高。因此该公司员工招聘时除了对管理岗位有较高的专业知识和生产经验要求外，对一般生产岗位人员的学历及文化素质等没有特别要求。茧丝公司目前的生产人员主要是来自本地农村居民，本地的社会关系和地方文化对该企业有一定的影响。机械公司是农业机械制造企业，生产工艺的要求较高，该招聘时对员工的专业素质和专业技能有一定要求。员工受聘后均要接受相关生产培训，在相对高的招聘条件下，机械公司中非本地员工比例较高，因而受企业所在地的社会关系和文化的影响较小。

第二，创新模式。曾经有很多学者在研究企业创新模式时，得出：合作创新最优、模仿创新次之、独立创新再次之的一般性结论。但通过对这两家中小企业的访谈调研发现，这两家中小企业的创新途径基本是在技术市场上购买新技术专利或新设备，或在原有技术基础上改良技术，进行模仿创新，可见这两家企业不愿意进行合作创新和独立创新，更感兴趣的是通过引进新设备，扩大规模从而降低生产成本，排斥风险较大的自主创新，这也许与中小企业规模小和抗风险能力差有关：一方面，发明类的创新活动耗时过长、创新成本较高且无法适应市场的快速变化；另一方面，创新成果容易被别的企业经简单改动后直接运用，现有的知识产权保护法律和法规存在盲区。因而两家企业均倾向于采取成本相对较少，创新风险相对较小的技术改良和模仿创新。这也说明西部中小企业多处于非突破性的生态性自主创新成长阶段。

第三，政策支持。两家企业都表示享受了当地政府的政策支持和贷款优惠，能较容易地得到银行贷款，在运营中没有遇到许多中小企业遇到的贷款难问题。当地政府的政策支持使得企业对政策的依赖性较强，以至于即便企业在发展过程中遇到某些瓶颈问题也不轻易考虑搬迁。

第四，企业家精神。企业家精神是指企业家所具有的组织土地、劳动及资本等资源用于生产商品、寻找新的商业机会以及开展新的商业模式的特殊才能。通过与两家中小企业负责人的交流发现，他们对创新都有自己的看法，均关注到了信息网络和关系网络的重要性，机械公司的负责人认为到专利市场洽谈购买合适的专利能节约创新成本，以及开展校企合作能实现企业和学校的双赢，进一步证实了企业家精神对中小企业生态性自主创新成长的重要性。

第五，新型管理方式。企业的生产活动需要管理，创新活动也需要管理，企业创新成长所要求的管理，是一种新型管理。在与茧丝公司的交谈中，企业负责人向我们介绍了该企业人本管理的思想，即尊重员工，特别是作为生产主力的青年员工的合理要求，根据员工的需要调整相应的管理制度，这种思想使该公司的管理井然有序，员工的积极性较高，这与理论研究结论吻合。

第六，商业模式。成熟的企业往往具备一套稳定的商业模式，有固定的投入产出函数、购货商选择政策、物流配送政策、仓储政策、平价政策等，为中小企业的创新成长提供了一种思路，商业模式可以分为以技术创新为主题的商业模式和以经营创新为主题的商业模式，前者以降低产品成本和产品差异化为主要方法，后者以改善经营从而获得稳定的经营套路，降低管理成本，实现经营差异化和经营稳定化为主要方法。与茧丝公司的对话进一步证实了建立以经营创新为主题的商业模式的正确性，该公司发展了十余年，已经形成了稳定的客户源，建立了稳定的供货购货关系，在2008年金融危机来临的时候，即使购货商的出口受到阻碍，购货商仍然愿意积压存货以继续购买茧丝公司生产的半成品，使茧丝公司受世界金融危机的影响较小。另外，农产品加工行业利润空间有限，通过改进生产技术降低成本的潜力也相应有限，而建立稳定的经营策略和稳定的商业模式，才是以茧丝公司为代表的农产品加工企业的自主创新成长之道。

第七，企业共生界面。理论上，企业的创新成长离不开与供应链企业、竞争者、政府机构、科研机构、中介机构、金融组织等形成共生界面，互惠共生，协同演进。茧丝公司在当地有6家同行，茧丝公司与这几家同行开展的不是技术上的交流，而是在管理和营销方面的交流，如在彼此员工工资水平、原材料采购渠道、与上游收购商的谈判等方面相互协商和沟通信息，企业之间不是追求市场份额的对抗性竞争关系，而是在所处的生态位相互分离，形成了合作式竞争，这也是小规模企业得以在激烈竞争中生存的原因之一。机械公司开展了校企合作，吸引职业技术学校的学生到企业实习并与学校开展技术革新，反映出该企业与职业技术学校初步形成了企业与学校双赢的共生关系。

六、关于西部中小企业生态性自主创新成长能力的一般结论

通过对广西中小企业生态性自主创新能力的问卷调查研究，可以得到西部中小企业生态性自主创新成长能力的一般结论：第一，从行业来看，西部农副产品加工业的中小企业生态性自主创新成长能力最强，说明资源加工型中小企业是西部中小企业的优势。第二，西部中小企业的企业年龄和企业规模是影响西部中小企业生态性自主创新成长能力的重要因素，要优先扶持创新型中小企业和具有规模递增趋势的中小企业实现生态性自主创新成长。第三，中小企业的原发性在西部中小企业生态性自主创新成长中的优势地位正逐渐被削弱，说明随着开放程度不断扩大，资源禀赋等西部中小企业传统的成长红利正逐渐被淡化，需要通过自主创新形成西部中小企业新的成长红利。第四，外部法律制度环境对知识产权的保护越好，中小企业的自主创新动力就越强。第五，政府的扶持对西部中小企业生态性自主创新成长的有效实现具有重要推动作用，在自主创新资金和市场开拓方面的政策支持尤为重要。第六，商会组织有助于提升西部中小企业生态性自主创新成长能力，要通过各种方式提高西部中小企业的组织化程度。第七，西部中小企业家精神可能更多来自实践的经验积累和与个人的人生修养，这方面性别差异、性别和学历教育的作用有限，而领导者的年龄越大，中小企业生态性自主创新成长能力越低。这些表明要大力鼓励不同教育背景的青年人勇于投身西部中小企业生态性自主创新成长实践之中。

第二节 西部中小企业生态性自主创新
成长模式考察

自改革开放以来，西部地区经济发展取得了有目共睹的成就，在科技创新方面也有长足进步，科研院所密集的西安、成都、重庆等的科研创新实力在全国处于领先，产生了具有全国先进水平的高科技园区，带动了园区内中小企业生态性自主创新成长。尽管西部中小企业自主创新成长的质量与东部中小企业仍有差距，但西部中小企业在自主创新成长中初步形成了"西部版"的中小企业生态性自主创新成长战略生态模式，主要表现为出现了传统产业中小企业利用式生态性自主创新成长模式和新兴产业中小企业探索式生态性自主创新成长模式。对这些模式进行典型案例考察和分析，能够更全面、更深入地了解西部中小企业生态性自主创新成长之路，发现存在的困难和障碍，进一步明晰未来的发展方向。

一、利用式生态性自主创新成长——以广西六堡茶中小企业为例

（一）广西六堡茶产业发展概况

六堡茶是中国名茶，也是广西的地理标志产品，属于后发酵黑茶类茶种，已有 1500 多年的栽培历史。六堡茶产业包含不少中小企业，是广西地方特色产业，市场前景好，发展态势强劲，在广西农业和农村经济发展和乡村振兴中发挥着重要作用。习近平总书记参加党的二十大广西代表团讨论时，对六堡茶产业寄予了厚望，强调"茶产业大有前途。下一步，要打出自己的品牌，把茶产业做大做强"①。

---

① 李世泽. 把六堡茶产业做大做强［J］. 当代广西，2023（04）：17.

（二）六堡茶产业中小企业生态性自主创新成长情况

1. 科研院所发挥重要作用

1977 年成立的梧州农业科学研究所为重振六堡茶产业打下了坚实的科技基础。2010 年，梧州市农业科学研究所增挂"梧州市六堡茶研究院"和"梧州市药用植物研究所"两块牌子，肩负着以六堡茶为代表的农业产业科研攻关使命。2016 年 1 月 19 日，广西农业科学院梧州分院（以下简称梧州分院）正式揭牌成立，这是梧州六堡茶产业腾飞之路的里程碑，梧州六堡茶产业由此走上了快速发展之路。

梧州分院利用梧州市科技项目"梧州市六堡茶种质资源普查、保护与利用"、自治区财政补助农业项目"梧州市六堡茶良种繁育推广"等，进行六堡茶的种质资源普查，建立起种质资源保护区和种质资源苗圃，并建设了六堡茶品种对比示范园，以期获得适合本地栽培、适合加工的六堡茶的优良品种并进行推广。加大茶苗繁育技术攻关力度，建立苗木繁育基地 57 亩，每年可繁育茶苗 1000 万株。制定梧州市地方规程《适制六堡茶品种的快速选育技术规程》，有望使茶树育种进程缩短 3 年以上。梧州分院还积极对接广西科技厅的科技重大专项，争取联合中国农科院茶叶研究所、北京大学药学院等国家权威机构在六堡茶保健功能研究方面予以立项。通过深入分析与六堡茶品质密切相关的主要物质，开展六堡茶减肥、降血脂、降血糖等功能的研究，开发具有保健功能的六堡茶衍生产品，不断延伸六堡茶产业链，并且立足产业发展实际，整合资源，搭建平台，推动政产学研合作向纵深发展。

此外，由梧州市农业科学研究所牵头，梧州市食品药品检验所与华南农业大学共同组建的"广西六堡茶生物学与资源利用重点实验室"被认定为 2023 年度广西重点实验室，该实验室立足六堡茶产业特色和重大需求，进一步贯彻落实牢记习近平总书记殷切嘱托，做大做强六堡茶产业，从广西茶产业发展战略和粤桂协同创新发展行动谋划出发，开展支撑六堡茶产业发展的生物学与资源利用基础研究和应用基础研究，主要研究内容为六堡茶生理生态与种质创新、六堡茶品质形成机理、六堡茶保健功能和六堡茶质量安全评价与控制四个方面。该实验室还整合各共建单位资源，攻关六堡茶产业关键技术，发挥科技创新作用、聚集培育人才、交流合作和科技服务职能，将示范园打造成为区内重要的茶叶科学与技术研究基地、优秀科技人才培养基地、国内外学术交流阵地、开放共享先进创新资源阵地，为广西茶产业的健康可持续发展提供重要的人才保障和科技支撑。

2. 大力推进六堡茶质量认证体系建设①

为助力六堡茶产业做大做强，梧州市职能部门组织认证机构的专家不断完善相关标准体系，目前已初步建成覆盖六堡茶全产业链的标准体系，覆盖六堡茶全产业链检测超90%。梧州市陆续发布国家标准1个、广西地方标准18个及一批团体标准、企业标准，在研广西地方标准12项，茶企的管理水平和产品质量得到进一步提升。在推动六堡茶高端品质认证方面，梧州市市场监管部门积极引导相关茶企开展香港优质正印认证、有机产品认证、广西优质认证、圳品认证等高端品质认证，并以此为契机推动茶企在管理、品控、技术等领域全面提档升级，进一步提升产品附加值，增强市场竞争力。

3. 生产工艺不断改进

六堡茶的加工条件不断改进，产品质量安全得到有效提升。现生产六堡茶的基本工艺也可以总结归纳为"绿茶—渥堆发酵—复揉—踩篓—凉置陈化"几个主要环节，并且不断改进和完善，质量不断提高。在六堡镇苍松六堡茶厂的苍松原生态标准化示范茶园面积将近500亩，采用生态有机茶园的管理模式生产和管理，在有机茶叶种植过程中，完全不施用任何人工合成物质，确保六堡茶叶的有机品质。

（三）中小六堡茶企业生态性创新网络结构

在对中小六堡茶企业自主创新相关材料整理的基础上，可以对中小六堡茶企业的生态性创新网络进行描绘。中小六堡茶企业的生态性创新网络

---

① 冼振宇，钟兆贞，张玮茹. 梧州市通过质量认证促进六堡茶企业高质量发展［N］. 梧州日报，2023-01-09.

以中小六堡茶企业为核心，通过政策和资金支持推动中小六堡茶企业进行专利技术的研发以及标准化体系的建设，通过监督检验保障六堡茶产品的质量安全；科研机构一方面协助企业进行技术研发或者自身进行独立研发以促进六堡茶产业技术创新，另一方面举办各种形式的茶叶交流会、品鉴会，以节会的方式对外宣传六堡茶及其文化；中小六堡茶企业只有在保证产品质量的基础上不断进行技术研发和创新，才能形成和加强其核心竞争力，才能增强自身影响力，打造规模更大、实力更强的六堡茶龙头企业。中小六堡茶企业的生态性创新网络结构如图8-2所示。

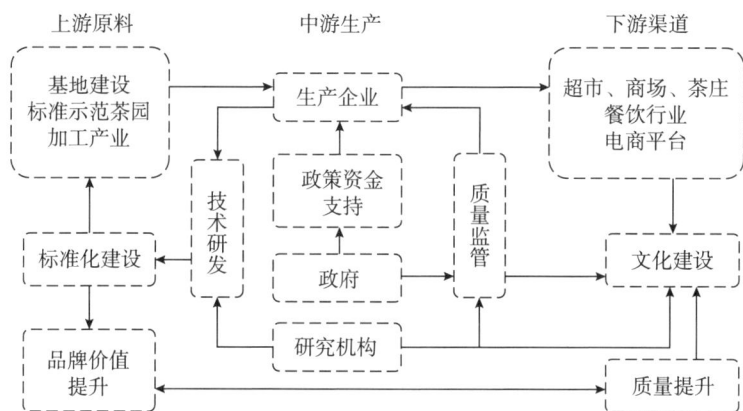

图8-2　中小六堡茶企业生态性创新网络结构示意图

资料来源：笔者根据相关资料绘制。

（四）六堡茶产业中龙头企业生态性自主创新成长情况

六堡茶产业中有不少中小企业，选取其中一些有代表性的六堡茶中小企业，对这些中小企业生态性自主创新成长展开考察，可以更清晰地了解六堡茶中小企业生态性自主创新成长情况①：

---

①　由于茶产业的生产和经营变化较快，市场竞争激烈，因此，只能反映实证材料收集期间该中小企业生态性自主创新成长的状况。

1. 广西梧州茶厂生态性自主创新成长①

（1）简介。

广西梧州茶厂有限公司（以下简称梧茶公司）是广西壮族自治区供销合作联社直属企业，始建于 1953 年，作为广西唯一一家获得"中华老字号"品牌的六堡茶企业，目前是中国最大的六堡茶精加工企业和国家农业产业化重点龙头企业，是六堡茶现代工艺冷水渥堆技术的发源地。生产的"三鹤"牌六堡茶畅销海内外，曾荣获"2007 中国国际茶业博览会金奖"、"2010 年中国国际茶业博览会中国名茶称号"、2021 年"中国（行业）消费者信赖品牌"、2021 年度"中国六堡茶（国际）影响力品牌"、全国首个"中国茶品牌五星认证"以及 30 多个国际金奖。

（2）梧州茶厂生态性自主创新成长情况。

梧州茶厂生态性自主创新成长的主要原因是：①优越的地理位置。梧州茶厂位于美丽的鸳鸯江畔，三面环山，南临西江，绿树环绕，茶厂的恒温恒湿茶窖位于珠山脚下，深藏于山体之中，拥有中国茶叶界现存最古老的木板干仓，以上难以复制的独特环境是行业公认六堡茶生产的风水宝地，茶叶陈化的理想之地。在此生产陈化的三鹤牌六堡茶含有十分丰富的营养素、益生菌，香气纯正、茶韵独特，深受各界爱茶人士的喜爱，市场供不应求。②创新技术优化工艺，提升核心竞争力，以创新驱动发展。梧茶公司是中国最大的六堡茶精加工企业和六堡茶龙头企业，技术力量雄厚，拥有中国制茶大师，是六堡茶现代工艺冷水渥堆技术的发源地，产品质量稳定，"红、浓、陈、醇"特点突出，具有独特的三鹤茶韵，最具六堡茶味道代表性。③推行质量管理体系，落实食品安全主体责任，以质量求生存。作为第一个六堡茶企业标准制定者，梧茶公司始终坚持"质量第一，信誉第一，卫生安全，顾客满意"的质量方针。④打造"三鹤"品牌价值，以品牌赢市场。"三鹤"牌六堡茶已具有相当的知名度，在不同的茶叶评判活动中获得了多个奖项。

---

① 资料来源：广西梧州茶厂有限公司官网，http://www.wz-tea.com/。

2. 广西梧州茂圣茶业有限公司生态性自主创新成长①

广西梧州茂圣茶业有限公司（以下简称茂圣公司）坐落于广西梧州市，成立于 2004 年 12 月，注册资金为 5800 万元。茂圣公司有 6000 多平方米六堡茶文化馆、六堡茶园、六堡茶加工厂及 9000 多平方米办公楼、研发中心、陈化仓库等。拥有生态茶园面积超过 666.67 公顷，其中八集茶园 33.33 公顷已经通过杭州中农质量认证中心有机茶园转换认证。茂圣公司是六堡茶的知名厂家之一，也是梧州市农业产业化重点龙头企业。茂圣公司陆续获得多个奖项，得到业界以及消费者的广泛认可。在打响品牌知名度的同时，茂圣公司也在不断进行技术研发。截至 2017 年，茂圣公司专利申请量为 30 件，占六堡茶专利申请总量的 7.22%，在梧州六堡茶专利申请人中排名第二。在中国国际茶业博览会中，连续获得多个黑茶类金奖，成为中国黑茶类获奖的领航企业之一。

（五）西部中小企业利用式生态性自主创新成长模式小结

六堡茶产业是传统产业，包含有众多中小企业，都有不同程度的创新实践和创新成果，在此基础上进行企业创新网络优化，可将其创新网络进行生物学类比为六堡茶中小企业生态性创新网络。六堡茶企业创新网络包含了社会、经济、政府、历史文化、自然环境等诸多要素，对其优化是一个系统工程，既要考虑一般的创新网络的优化战略，又要基于已有的创新格局和不足，是一个循序渐进的长期过程，可采用立足实际、先易后难、市场推动、自然和谐、政府助力、文化引领的战略生态模式。由此，可将西部中小企业利用式生态性自主创新成长模式可以概括为：第一，制定产品的技术标准，实行产业化、标准化生产，抢占自主创新制高点。第二，加强组织化建设，提高产业化经营水平。第三，政府支持，合力助推产业发展。第四，以科研和技术的突破带动产品质量的突破。第五，加快人才引进并发挥好人才作用。第六，延伸产业链，走一二三产融合发展之路；

---

① 资料来源：广西梧州茂圣茶业有限公司官网，http://ny.hc23.com/company/339629.html。

加强品牌建设，提高公共品牌影响力；探索电子商务运营渠道模式；弘扬与产品相关的传统文化，营造产业发展文化氛围等。

二、探索式生态性自主创新成长——以西安高新技术产业开发区为例①

（一）西安高新技术开发区科技创新概况

西安高新技术产业开发区是陕西省经济最活跃、资本最青睐、市场认可度最高的区域，位于西安市科研、文教单位相对集中的南郊，是国务院首批批准成立的国家级高新区之一，培育出汽车产业、电子信息两个千亿级以上产业集群，新增两家千亿级企业；成为全球规模最大的闪存芯片生产基地及全球规模最大的新能源整车生产基地；五大主导产业产值同比增长了 46.7%；集中竣工产业项目 40 个，总投资 1054 亿元；新增 10 家上市企业，累计达 74 家，总市值超过 4000 亿元；全年新增市场主体 2.3 万家，累计市场主体存量超 19.1 万户。

（二）西安高新技术产业开发区中小企业创新生态建设

1. 西安高新技术产业开发区科技创新的主要特征

（1）科技创新转化体系成熟完备。

率先构建了从研发到孵化、再到产业化的全链条式科创体系，聚集了 12 所高校，多家由科研院所、重点实验室、工程技术中心组成的科技创新平台和新型研发机构。2022 年成功争创全国唯一综合性科学中心和科创中心的"双中心"核心承载区，新增科技型中小企业 4607 家，完成技术合同交易额 1100 亿元，同比增长 65%；高技术产业产值、战略性新兴产业产值增速均超过 30%，成为科技自立自强的重要承载地。

（2）创新创业生态环境全国领先。

西安高新技术开发区在全国最早建立起了"苗圃+孵化器+加速器+科技园区"全生命周期、全要素和全生态创业孵化体系，构建了"科技研发—成果转化—企业培育—产业壮大"的创新链条，打造了一流创新生

---

① 资料来源：西安高新技术产业开发区官网，http://xdz.xa.gov.cn/。

态。"双创"载体达 164 家，总面积超过 1000 万平方米。拥有高企 3182 家、科技型中小企业 2434 家，均占全省 1/3 以上。培育瞪羚企业 214 家、独角兽企业 2 家、上市企业 74 家。

（3）开放创新格局辐射覆盖全球。

成功引进了美光、三星等高科技企业，设立境外离岸创新研发机构 18 个，累计引进世界 500 强企业和项目超过 130 家。

（4）城市面貌加快改善。

2022 年，盈创中心、未来创元中心、未来之瞳·瞳系列建筑项目 （大剧院）科技中心等重点项目有序推进，启迪儿童医院及一批高质量住 宅项目建成交付，推动丝路科学城、丝路软件城建设全面提速。

（5）生态环境持续向好。

高新区深入践行"两山"理论和"双碳"战略，坚持留白增绿、拆 违建绿、见缝插绿、立体增绿，建成开放综合性公园 2 座，加快推进大仁 遗址公园、未来之瞳公园等大绿道、大公园建设，完成 72 条路段绿化建 设，新增绿化面积 85.1 万平方米、口袋公园 30 座，着力构建山水呼应、 城园相融的城市生态体系。

（6）民生福祉不断改善。

高新区高度重视教育发展，始终坚持教育优先战略，不断加大教育投 入，深化教育改革，推进教育公平，提高教育质量，新增优质学位 76940 个，群众家门口的好学校越来越多、越来越好，教育的满意度和获得感显 著提升。开展人才住房保障试点。开建 10 余所公办医院，医疗资源供给 不断增强。为方便企业群众就近办事，加快构建 15 分钟政务服务圈。

2. 西安高新技术开发区中小企业生态性创新网络

西安高新区积极布局各类高等级创新平台，聚集市级及以上创新平台 210 家，其中国家级 62 个，构建形成"新型研发机构—科学园—科学城" 的多层次创新平台体系，在此体系中，基于实力雄厚且数量众多的科研院 所及高等院校，西安高新区成功探索出"一院一所一校模式"，大力发展 科技孵化器的作用，实现了从科学研究到实验开发再到推广应用的三级跳。结合西安高新技术开发区的创新发展特点，西安高新技术开发区中小企业生态性创新网络结构如图8-3所示。

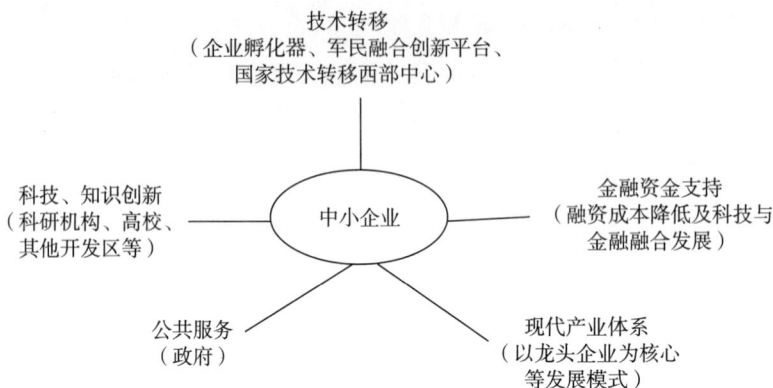

图8-3　西安高新区中小企业生态性创新网络

资料来源：笔者根据相关资料绘制。

（三）西安高新技术产业区中小企业生态性自主创新成长概况

西安高新技术产业区内的西北有色金属研究院、中科院西安光机所、西北工业大学已累计孵化培育企业500余家，累计促进高校院所与企业签订优质项目488项。其中，由中科院西安光机所孵化的中科微精和其光电，由西北工业大学孵化的华秦科技、铂力特等一批高新技术企业，已经成为行业的佼佼者，技术水平达到国内领先、国际一流。西安高新区不断完善细化"苗圃、孵化器、加速器、产业园"的全链条培育体系，深入实施科创企业"育小、登高、升规、晋位、上市"五培工程，培育出一批创新性强的硬科技企业，进一步壮大了科创主体。

数据显示，自"四个高新"①战略实施以来，西安高新技术产业区的高新技术企业由3874家提高到5008家，净增1134家，科技型中小企业由3207家提高到4607家，净增1400家。同时，新认定科技型中小企业

---

① 实力高新、科创高新、品质高新、幸福高新。

11252 家，新增上市企业 25 家，境内上市企业数量占全市的 67%、全省的 50%。

在科创主体持续壮大的同时，西安高新区的企业对科技创新的重视程度空前提高，全社会研发支出占 GDP 比重从 2020 年的 6.64% 提高到了 2022 年的 7.5% 以上，是全国平均水平的 2.94 倍。目前，西安高新区 80% 以上的科技企业为自主培育、源自高校院所，80% 以上的科技企业拥有核心技术、知识产权和自主产品，80% 以上的科技企业拥有自主研发团队。

（四）西安高新技术产业开发区建设中小企业生态性创新网络的主要经验

西安高新技术产业开发区以高科技产业为主，包含有众多科技型中小企业，成长起点较为一致，其生态性创新网络包含的社会、经济、政府、历史文化、自然环境等因素与传统产业相比，有明显的不同，其中历史文化渊源较少，受自然环境的影响较少，对先进科技的依赖度大等。西安高新技术开发区在建设中小企业自主创新生态时充分发挥后发优势，采用了立足实际，以高起点和开发硬科技为目标，市场与政府协同推动，以多种手段突破地理和行业限制，从加强中小企业孵化器的服务水平、完善协同创新平台、增加中小企业的创新活力、完善高新区产业链建设等方面着手，不断提高中小企业自主创新生态质量，促进中小企业生态性自主创新成长。

第三节　西部中小企业生态性自主创新成长中存在的主要困难和障碍

通过对西部中小企业生态性自主创新的相关理论梳理、西部中小企业生态性自主创新成长理论框架构建、国内外经验借鉴以及对西部中小企业成长的实证考察等多方面的研究和探索，我们可以发现生态性自主创新成长是西部中小企业成长方式的创新，是创新驱动高质量发展在西部中小企业成长中的可行之路。西部中小企业在生态性自主创新成长方面取得了较为显著的成效。由于西部地区经济社会发展、科技创新能力以及中小企业起点不高、中小企业组织化程度较低等原因，与东部中小企业生态性自主创新成长相比，西部中小企业生态性自主创新成长之路还有不少困难和障碍需要克服，主要表现在西部中小企业商业生态系统、西部中小企业创新网络的治理方面。

一、西部中小企业商业生态系统存在的主要困难和障碍

（一）从西部中小企业商业生态系统来看

西部中小企业商业生态系统在不同的层次上存在不足，西部中小企业成长空间质量不高，在全球性金融危机、中美贸易战等冲击下，当前国内外经济运行仍处于低迷状态，利润空间下降。

作为西部中小企业生态性自主创新成长的环境，西部中小企业商业生态系统的质量不高，主要表现在：第一，在宏观层次上，在全球性金融危机、中美贸易战、新冠疫情等冲击下，当前国内外经济运行仍处于低迷状态，存在许多新的不确定因素，加大了西部中小企业生态性自主创新成长的风险，同时，国家专门对西部中小企业自主创新成长的相关扶持政策还不多，政府和其他相关机构提供的支持西部中小企业生态性自主创新成长的公共服务手段有限。第二，在中观层次上，由于西部产业结构中，传统产业仍占有重要位置，新兴产业虽然增长速度快，但占比仍不高，从整体上看，与现代化产业体系的距离还比较大。第三，在微观层面上，西部中小企业多处于所在产业的产业链低端，内部经营管理多为传统管理方式，在建立合理的绩效考核机制和吸引人才机制方面还有许多工作要做。

（二）从西部中小企业商业生态系统的不同维度来看

第一，从经济维度来看，一方面，2008年金融危机后，经济发展进入了新常态，国际市场竞争日趋激烈，贸易保护主义抬头，国际贸易壁垒

日趋体系化，造成国际贸易格局、汇率变化和出口退税等方面不确定因素增多，西部中小企业产品出口面临较大市场风险；另一方面，西部中小企业和其他地区中小企业类似，长期普遍存在融资困难问题，资金短缺阻碍了西部中小企业的升级转型，甚至是维持正常运营的能力都受到影响。

第二，从社会文化维度来看，相当数量的西部中小企业根植于西部广大农村地区，从业人员多为农村居民或当地居民，在市场体系不健全、相关制度建设滞后的现实情况下，社会关系如传统文化对西部中小企业自主创新成长具有不可替代的重要作用。从西部中小企业生态性自主创新成长实践来看，如何发挥社会关系在西部中小企业自主创新成长中的积极作用还有很大潜力可挖。

第三，从自然生态维度来看，西部中小企业多分布于传统产业，尤其是资源型产业之中，由于在市场、资金和技术创新等方面缺乏支持，西部中小企业仍为传统的成长方式，长期以来消耗高、效率低、污染重，造成西部中小企业与所处的自然生态环境的和谐度不理想，存在断裂现象。在高质量发展新阶段，随着环评标准不断提高，西部中小企业在生态性自主创新成长中承担着水土保持、节能减排和环保治污的多重任务，中小企业转型升级的压力较大，不少资源型的传统中小企业被关、停、并、转。此外，西部地区自然灾害频发，在一定程度上对西部中小企业自主创新成长带来了影响。

第四，从技术维度来看，西部中小企业在科技创新方面的表现不尽如人意，研发投入少，研发成果少，技术装备水平相对后，这些不足使得西部中小企业自主创新能力不高，缺乏与大企业融通创新能力，产品科技含量和市场附加值不高，市场竞争力较低，绿色创新能力较低，西部中小企业多处于产业链、创新链和价值链的低端，进入国家"专精特新"中小企业目录的中小企业数量较少。

第五，从人才维度来看，由于大多数西部中小企业在所处地理位置、劳动报酬等方面不具有优势，难以吸引与留住外来优秀人才，主要表现为西部中小企业研发人才不足，从业人员普遍文化程度不高，新技术和新理念的理解和贯彻能力不强，这些造成西部中小企业欠缺创新意识和创新能力，制约了西部中小企业生态性自主创新成长能力。

（三）从西部中小企业在商业生态系统中的生态位定位来看

出于跨越式发展的需要，西部地区不少省份在企业自主创新成长战略中，战略规划的重心多放在实现企业的突破性自主创新成长上，"填补空白""国内一流""世界领先""突破性进展"等常常成为评判企业自主创新成长效果的重要依据，也是中小企业自主创新成长的战略指向。西部中小企业在自主创新中，追求的是在商业生态系统中能跃上突破性自主创新生态位，非突破性自主创新生态位常常被认为是技术创新落后的生态位。尽管自主创新的能力和条件不配套，西部不少地方热衷于高科技园区立项、规划和上马，以此作为形成自主创新高地，实现自主创新的标志性成果。从实践效果来看，能够形成中小企业良好创新生态，促进中小企业自主创新成长的西部高科技园并不多，所孵化的科技型中小企业数量和质量总体上还不理想。

二、西部中小企业生态性创新网络治理存在的主要困难和障碍

中小企业生态性创新网络是中小企业自主创新成长实现的场所，其构成和运行直接关系中小企业自主创新成长的质量。从实证考察来看，西部中小企业生态性创新网络存在核心中小企业自主创新能力不高、创新网络内共生关系不稳定、生态性创新网络运行和优化不顺畅等问题，导致西部中小企业生态性自主创新效率和自主创新经济效益不高，中小企业自主创新成长动力不足。

（一）西部中小企业生态性创新网络自主创新能力产出性不强

西部中小企业商业生态系统质量不高导致了结网于其中的西部中小企业生态性创新网络在共生性结构的维护和协同演进机制形成方面存在不足，中小企业生态性自主创新成长能力生成效率不高：第一，从西部中小企业生态性创新网络的结构洞来看，西部中小企业生态性创新网络的层次比较低，创新水平不高，多分布于传统产业之中，网络内各创新主体之间的关系趋于固化，形成结构洞的机会不多，无法充分发挥结构洞提高西部

中小企业自主创新机会的作用。第二，从西部中小企业生态性创新网络的中心来看，作为生态性创新网络核心的西部中小企业组织化程度不高，对中小企业生态性创新要素凝聚能力低，西部中小企业生态性创新网络结构松散，共生结构和互惠共生关系不明显。第三，从西部中小企业生态性创新网络密度来看。由于地域分布广、市场相对不完善以及信息化程度不高等原因，西部中小企业生态性创新网络的网络密度不高，价值流、信息流和能量流在网络内相互融通的渠道不畅，低密度的中小企业生态性创新网络功能推动以利用式自主创新为主的西部中小企业自主创新效果不明显。第四，从西部中小企业生态性创新网络成员平均距离来看，以产学研为例，西部地区高水平大学、研究机构的密度大大低于东部地区，中小企业分布地域辽阔，西部中小企业生态性创新网络内的产学研体系较为松散，中小企业与其他创新主体之间关联度极低，协同意识不强，同样不利于以利用式创新为主的西部中小企业自主创新的开展。第五，从西部中小企业生态性创新网络的规模来看，西部中小企业生态性创新网络的规模普遍较小，集聚自主创新资源和协同创新能力有限，自主创新溢出效应不高。

（二）西部中小企业质量不高

西部中小企业生态性创新网络的质量相当程度上取决于居于创新网络核心的中小企业的质量。西部中小企业总体质量不高，主要表现在[①]：

第一，在中小企业基本指标方面：①从规模来看，约80%的规模以上中小工业企业、制造业中小企业集聚在中东部地区。②从代表企业质量的上市中小企业数量来看，东部地区制造业、科学研究和技术服务业、文体娱乐业、服务业、教育业、金融业、批发业、零售业、交通运输业、仓储业、邮政业以及房地产业等的上市中小企业数量远远高于西部相应行业内的上市中小企业数量。

第二，从中小企业企业家精神的发挥程度来看，由于中小企业规模

---

① 丁建军，刘贤、王淀坤，尹瑾雯．国家级专精特新"小巨人"企业空间分布及其影响因素［J］．经济地理，2022，42（10）：112-113.

小，其自主创新成长很大程度上取决于中小企业的企业家精神的发挥上。西部中小企业家在文化程度、创新意识、中小企业创新意愿、市场开拓和市场应变能力等方面存在明显不足，企业家之间协同创新意识还不强。这是东西部中小企业自主创新质量存在明显差异的又一重要原因。

第三，从"专精特新"中小企业数量来看，截至 2021 年，以"胡焕庸线"为界，"胡焕庸线"东南半壁地区拥有 4753 家，占全国总数的 96.57%；而西北半壁地区仅有 169 家，占比为 3.43%，"东密西疏"特征显著。在三大地带分布中，东部地区最高，占比为 58.76%；中部地区次之，占比为 24.56%；西部地区最低，占比为 16.68%，"东密西疏"的分布特征依然明显。

三、西部中小企业生态性自主创新网络治理存在的主要困难和障碍

（一）西部中小企业生态性创新网络结构的互惠共生关系还不牢固

西部中小企业多分布于传统产业之中，与大企业之间多为从属和补充关系，传统产业的产业链和供应链的现代化程度和韧性程度还不高，传统产业转型升级的压力不断增加，这些都限制了西部中小企业生态性创新网络内生态位的宽度，西部中小企业缺乏自主创新的空间，彼此之间容易陷于重复建设和对抗性竞争之中，难以形成生态性自主创新网络所需的互惠共生关系，中小企业生态性创新网络的稳定性不高。

（二）西部中小企业生态性创新网络的协同演化机制不健全

中小企业生态性创新网络协同演化机制不健全主要表现在：第一，在政府推动方面，政府在西部中小企业的自主创新资金筹集、技术研发、知识产权保护、产品与要素市场监管等方面缺乏系统的、可持续的支持和保护性政策与法规体系，以及足够的政策、法规执行力度。第二，在市场引导方面，西部自主创新要素市场、产品市场、各类中介机构等还有不完善之处，现代化市场体系还在努力建设之中。以上这些使得西部中小企业生态性创新网络难以开展协同演化，西部中小企业生态性自主创新缺乏高度，自主创新成长质量不高。

第九章　促进西部中小企业生态性自主创新成长的对策建议

　　西部中小企业生态性自主创新成长是西部中小企业实现可持续成长的必由之路，也是推动西部高质量发展的重要任务，是构建西部新发展格局的重要工作。西部中小企业生态性自主创新成长是西部中小企业成长的创新，在理论上还有不少需要突破和完善之处，在实践中还存在不少困难和障碍。加快推动西部中小企业生态性自主创新成长需要与时俱进，积极借鉴最新理论成果与实践经验，不断完善西部中小企业生态性自主创新成长的理论体系，因地制宜地促进西部中小企业生态性自主创新成长。

第一节　促进西部中小企业生态性自主创新成长的基本原则和目标

一、促进西部中小企业生态性自主创新成长的基本原则

（一）科学性原则

　　促进西部中小企业生态性自主创新成长需要开展完善西部中小企业商业生态系统、推动西部中小企业生态性创新网络优化、加强西部中小企业

创新生态治理等一系列工作，需要自主创新效率和自主创新经济效益相结合，在理论研究、工作决策、工作开展等方面做到准确、严细、客观、可靠，普遍性和特殊性有机结合，体现科学的态度和实事求是的精神，实现理论研究和实践探索的有机统一。

（二）系统性原则

西部中小企业生态性自主创新成长是在西部中小企业商业生态系统中构建起西部中小企业生态性创新网络，并且通过西部中小企业生态性创新网络的不断优化，实现西部中小企业协同创新，产生创新溢出效应，形成西部中小企业生态性自主创新成长动力的过程，是包含有多主体、多要素和复杂结构与复杂关系的系统工程，促进西部中小企业生态性自主创新成长要有系统观，要体现整体性、综合性、循环增值性的有机结合。

（三）协同性原则

西部中小企业要克服成长起点低、自主创新水平参差不齐且整体水平不高等不足，关键在于实现协同，即在西部中小企业生态性自主创新成长中，西部中小企业商业生态系统内的不同中小企业生态位之间、中小企业生态性创新网络的核心中小企业与其他创新主体之间协同整合，互惠共生和协同演进，形成西部中小企业生态性自主创新成长动力，从而促进西部中小企业实现生态性自主创新成长。

二、促进西部中小企业生态性自主创新成长的目标

西部地区经济发展水平较低，生态环境脆弱且生态环境保护责任重大，需要从西部中小企业自主创新成长起点低、创新要素质量不高的实际出发，因地制宜地制定西部中小企业生态性自主创新成长的目标，做到科学化、系统化和协同化的高度统一。根据西部中小企业生态性自主创新成长理论和西部中小企业生态性自主创新成长实践考察，促进西部中小企业生态性自主创新成长的目标可以设定为：在西部中小企业生态性自主创新成长理论指导下，以科学性、系统性和协同性为基本原则，从西部的经济、社会、自然生态和文化历史等实际条件出发，将西部中小企业自主创

新成长环境营造成多层次、多维度的，有利于西部中小企业实现自主创新的商业生态系统，在这一商业生态系统内，以中小企业（集群）为核心，构建起西部中小企业实现自主创新的生态性创新网络，并通过加强西部中小企业生态性创新网络治理，以互惠共生和协同演化推动西部中小企业生态性创新网络优化，产生西部中小企业生态性创新网络自主创新溢出效应，形成促进西部中小企业成长的动力，循环往复，促进西部中小企业生态性自主创新成长。

第二节　重塑西部中小企业创新型商业生态系统

西部中小企业商业生态系统是中小企业生态性自主创新成长的环境，是中小企业生态性创新网络结网和运行的空间，是西部中小企业自主创新成长的重要基础。西部中小企业商业生态系统在不同层次、不同维度和不同生态位定位上存在许多不足，制约了中小企业自主创新的成效，需要重塑为创新型的西部中小企业商业生态系统。

一、强化西部中小企业商业生态系统的共生关系

（一）强化西部中小企业商业生态系统各层次的共生关系

强化西部中小企业商业生态系统各层次的共生性主要是从宏观到微观，各层次之间实现互惠共生和协同整合：第一，在宏观层面上，建立起高效的中小企业服务和管理机构，同时，各级政府应从西部中小企业自主创新的实际出发，根据西部中小企业商业生态系统微观层次和中观层次的需要，着重扶持西部优势产业的中小企业创新成长，出台符合西部中小企业自主创新需要的一系列公共政策，丰富为西部中小企业自主创新提供公共服务的手段，同时，加大政府扶持中小企业自主创新的公共政策力度，并使之成为常态。第二，在中观层面上，发挥西部地区中小企业独立创新

和模仿创新的传统优势，与时俱进，营造合作创新氛围，促进西部中小企业与大企业实现融通创新，价值共创的机制。根据提高西部中小企业生态性自主创新成长质量的要求，探索建立中小企业优胜劣汰机制，淘汰不适应西部中小企业生态性自主创新成长需要的中小企业，同时积极扶持符合西部中小企业生态性自主创新成长需要的中小企业。第三，在微观层面上，大力弘扬和保护西部中小企业的企业家精神，在选择政策扶持对象时，不必苛求中小企业领导者的性别和学历，同时，发挥青年人创新能力较高的优势，积极扶持和帮助西部地区青年创业。

（二）强化西部中小企业与所处中小企业商业生态系统各维度的共生关系

第一，从经济维度来看，主要是解决西部中小企业自主创新中的融资难问题。为此，在财税政策支持的同时，一是要加强中小企业与各类金融机构、中介服务机构的协同；二是要不断完善西部产品市场和要素市场体系建设；三是要积极探索普惠金融支持西部中小企业自主创新的模式。

第二，从社会文化维度来看，相当数量的西部中小企业根植于西部广大农村地区，从业人员多为农村居民或当地居民，在市场体系不健全、相关制度建设滞后的现实情况下，社会关系如传统文化对西部中小企业自主创新成长具有不可替代的重要作用。从西部中小企业生态性自主创新成长实践来看，推动和规范西部地区中小企业商会建设，发挥商会组织促进中小企业自主创新的功能是一条可行途径。

第三，从自然生态维度来看，结合西部实际，遵循生态经济规律，开展绿色自主创新，使中小企业自主创新成长的标准由单一技术创新标准向涵盖技术创新与经济高质量发展有机结合，自然资源、环境和社会系统良性循环的绿色自主创新成长标准转变，形成西部中小企业绿色自主创新成长的驱动力，不断减轻对西部自然生态环境的压力。

第四，从制度维度来看，根据西部中小企业分布的产业和行业特征实施分类治理，建立起符合西部中小企业实际的现代企业制度，并做好有效市场和有为政府相结合，有所为，有所不为，为西部中小企业商业生态系统提供好制度保障。

第五，从技术维度来看，一是建立起风险共担、价值共创、利益共享的产学研体系，形成西部中小企业可持续自主创新体制；二是积极孵化和培育能进入国家"专精特新"中小企业目录的西部中小企业，加快提高西部中小企业自主创新质量。

第六，从人才维度来看，一是西部中小企业内部可以通过建立合理有效的员工薪酬和激励体系，从长期性、战略性、全局性和稳定性的角度吸引和留住西部中小企业自主创新所需的人才，并借此促使企业从根本上理顺企业内外部关系，规范和调整股权结构，使中小企业治理常态化，保持西部中小企业应有的竞争力；二是西部中小企业积极开展与相关科研院所和高等院校的合作，达到借用西部中小企业外部人才研发力量的目的。

（三）正确定位西部中小企业在商业生态系统中的生态位

从资金、规模、技术水平以及市场活动能力来看，西部中小企业自主创新的能力从整体上说仍比较低，非突破性自主创新成长是西部多数中小企业实现自主创新成长的可行之路，在中小企业商业生态系统中，非突破性自主创新生态位有较大空间。只有通过非突破性自主创新的积累，企业自主创新能力才能不断得到提高，在条件具备的时候，企业就有可能跃进到战略意义更为重大的突破性自主创新生态位上。因此，西部中小企业商业生态系统中非突破性自主创新生态位的营建应成为西部中小企业生态性自主创新成长中的重要工作。

二、建设西部中小企业创新型营商环境

营商环境包括影响企业活动的社会文化要素、经济要素、政治要素和法律要素等方面，是时间和空间有机结合的多因素系统，对中小企业自主创新也有重要影响。形成西部中小企业创新型营商环境是指整合市场主体在准入、生产经营、退出等过程中涉及的政务、市场、法治、人文等有关营商环境的关键性因素，形成合力，帮助中小企业突破自主创新的障碍，释放自主创新的潜能。为此，政府要从激励和帮助西部中小企业不断加大

研发投入出发，建设创新型的营商环境，主要着力点在于加快建设服务型政府，简政放权、放管结合，为西部中小企业提供优质高效的服务，不断完善现代市场体系，建设和维护好竞争、高效、规范的市场秩序。

（一）拓宽建设创新型营商环境的视野

长期以来，建设中小企业营商环境的视野多集中在努力为中小企业办实事、办好事。中小企业的自主创新不是孤立的自主创新，是和一系列中小企业自主创新相关主体协同的自主创新，是结构性问题。建设创新型营商环境是一连串的工作，视野不应局限在西部中小企业上，而是拓展到西部中小企业所处的创新链、产业链、供应链和价值链，积极打造高质量的创新链、产业链、供应链和价值链，通过创新链、产业链和供应链的有机结合。

（二）加强建设创新型营商环境的动力

长期以来，中小企业营商环境主要是依靠政府想中小企业之所想，急中小企业之所急，通过制定和完善相关政策制度，推动构建中小企业营商环境。建设营商环境似乎主要是政府的事，似乎是政府在唱独角戏。创新型营商环境是一个包含多种因素，具有多层次结构的、具有生态特征的复杂系统，在营商环境中，营商环境所涉及的政务、市场、法治、人文诸因素通过彼此信息、能量等的正负反馈，实现自我组织、自我演化、自我完善。在建设创新型营商环境中，要尊重市场规律，政府积极推动与发挥西部中小企业能动性有机结合，积极调动营商环境诸因素，有所为有所不为，形成建设创新型营商环境的合力。

（三）优化建设创新型营商环境的绩效评判机制

在讲求质量的发展新阶段，通过法治思维，用拼服务质量、拼守信度、拼环境质量来构建西部中小企业商业生态的创新型营商环境，将建设西部中小企业创新型营商环境的政策与服务落到实处，以法治思维来考核和评判西部中小企业创新型营商环境绩效，做到可执行、可量化、可追责。为此，要坚持以习近平治国理政思想为指导，尊重市场经济基本规律，借鉴国内外的先进经验，加强政府部门之间的协调配合，密切关注营商环境相关法律的完善，加强对知识产权的保护，建立起清白简单的政府与中小企业关系，从研发融资渠道、知识产权保护、人才引进和留住、中小企业与大企业融通创新平台建设等方面，根据西部中小企业生态性自主创新成长的实际，构建西部中小企业创新型营商环境绩效的评判指标体系、政策体系、标准体系、统计体系、政绩考核体系，进一步形成创新型营商环境绩效的综合考评体系，不断推动西部中小企业创新型营商环境建设。

第三节　加强西部中小企业生态性创新网络治理

西部中小企业生态性创新网络存在于西部中小企业商业性生态系统中，是西部中小企业开展自主创新，产生自主创新成长动力的组织。针对实证考察来发现的西部中小企业生态性创新网络核心中小企业自主创新能力不高、创新网络内共生关系不稳定、生态性创新网络运行和优化不顺畅、西部中小企业生态性自主创新效率和自主创新经济效益不高导致中小企业自主创新成长动力不足等问题，需要从以下方面加强中小企业生态性创新网络的治理：

一、统筹西部中小企业生态性创新网络治理目标

促进西部中小企业生态性自主创新成长，一方面为中小企业创造了前所未有的发展机会，另一方面也对中小企业创新提出了更高的要求：中小企业创新不但要实现自身竞争力的提高，而且要与大企业一道，成为突破核心技术瓶颈的中坚力量，新发展格局下，中小企业的创新不再是单打独斗的自我创新，而是要与所在产业链上中下游的大企业实现融通创新，在全球产业链和创新链重塑的背景下，由以往的追求融入全球产业链和价值链，转变为努力打造全球产业链、价值链和创新链的新高地，赋能双循环

发展战略，促进新发展格局不断巩固和完善，为此，新发展格局下亟须在加快构建和完善西部中小企业生态性创新网络的基础上，转向立足于自主创新，政产学研用紧密结合，自主创新效率与自主创新经济效益密切结合，全面提升西部中小企业生态性创新网络质量。

根据以上分析，在新发展格局下，西部中小企业生态性创新网络治理的目标可归纳为：通过对中小企业创新网络的治理，西部中小企业生态性创新网络的核心中小企业（集群）与分布于生态性创新网络不同维度上的其他西部中小企业创新主体形成稳定的政产学研用一体化，通过互惠共生，实现西部中小企业生态性创新网络整体性、综合性、循环增值性的有机结合，推动西部中小企业与所在产业链上中下游的大企业实现创新融通，提高西部中小企业生态性创新网络质量，实现西部中小企业自主创新能力实现质的飞跃。具体体现在中小企业创新网络的结构治理、关系治理和过程治理三大方面：

第一，在西部中小企业生态性创新网络的结构治理方面，通过西部中小企业生态性创新网络结构治理，促进核心中小企业（群）与分布于西部中小企业生态性创新网络内不同维度的其他西部中小企业创新主体形成共生性结构，促进西部中小企业生态性创新网络形成稳定的政产学研用一体化结构。

第二，在西部中小企业生态性创新网络的关系治理方面，通过西部中小企业生态性创新网络的关系治理，实现西部中小企业生态性创新网络的政产学研用一体化结构并在运行中形成互利共生和互惠共生关系，促进信息、能量和价值在西部中小企业生态性创新网络内顺畅和有序流动。

第三，在西部中小企业生态性创新网络的过程治理方面，协调有效市场和有为政府的关系，政策推动和市场引导相结合，实现中小企业创新网络精准治理和有效治理。

中小企业创新网络的三方面的治理目标是环环相扣、相互作用、相辅相成的，构成了新发展格局下西部中小企业生态性创新网络治理三位一体目标体系，如图9-1所示。

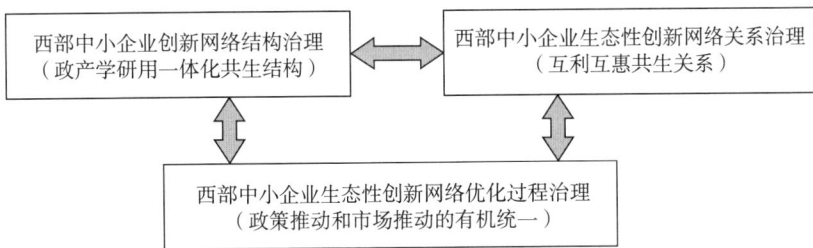

图 9-1　西部中小企业生态性创新网络三位一体治理体系

二、明确西部中小企业生态性创新网络治理的内容

第一，在中小企业生态性创新网络的结构治理方面，着重扶持有利于新发展格局建设的中小企业形成创新网络，引导和扶持中小企业增强创新带动能力，在碳达峰与碳中和目标下积极推动资源型中小企业发展方式转变，变资源优势为创新优势，增强和巩固中小企业在中小企业创新网络中的核心地位，同时，完善市场体系，在市场推动下，政产学研用各创新主体形成和谐共生的创新生态。

第二，在中小企业生态性创新网络关系治理方面，尊重中小企业创新的客观规律，推动中小企业创新网络内各创主体在创新中形成互利共生和互惠共生关系。为此，营造良好合作创新氛围，加强中小企业知识产权保护，同时鼓励中小企业因地制宜选择合适的创新模式。

第三，在中小企业生态性创新网络的过程治理方面，根据中小企业创新过程的不同阶段，选择中小企业创新网络治理主体：①在知识到技术阶段，需要的研发投入较大，面临的创新风险较大，需要发挥有为政府的作用，加大政府在中小企业生态性创新网络的技术维度、制度维度、生态维度扶持中小企业创新的公共政策力度，并使之成为常态。②从技术到市场阶段，是创造商业价值并将商业价值不断扩散阶段，是创新成果市场化阶段，市场经济规律发挥主导作用，中小企业创新网络的治理要依靠市场竞争，因此，此阶段要遵照市场规律进行中小企业生态性创新网络治理，在中小企业生态性创新网络的经济维度、社会维度上通过市场推动展开中小企业生态性创新网络的治理。

三、着力推动西部中小企业生态性创新网络优化

目前西部中小企业生态性创新网络的任务是提升自身的韧性。提高西部中小企业生态性创新网络各个维度的韧性：第一，经济维度。积极推动西部现代化产业体系建设，加快数字经济赋能西部产业发展进程，切实实现创新驱动高质量发展，为中小企业生态性自主创新注入新动力。第二，社会文化维度。理顺自主创新与西部中小企业成长的关系，通过多种方式，营造西部中小企业自主创新的文化氛围。第三，自然生态维度。大力扶持新材料、新能源、节能与环保、生物产业、康养产业等低能耗和高产出产业，积极推动传统产业实现绿色转型升级，为西部中小企业开展绿色自主创新提供绿色产业空间。第四，技术维度。加强知识产权保护制度建设，将科技专利的商业转化率作为技术创新水平重要评价指标。第五，制度维度。加强对西部中小企业自主创新的公共政策体系建设，创新西部中小企业自主创新成长的公共服务手段。第六，人才维度，采用多种方式，开展职业经理人员、职业技术人才等的培养和储备工作，积极发掘西部特色的中小企业家精神典型并在西部中小企业中大力推广。

第十章　研究结论与展望

西部中小企业是西部经济重要基石。在高质量发展新阶段，自主创新是西部中小企业成长的新动力。西部中小自主创新成长涉及多因素、多主体，这些因素和主体之间具有动态性和复杂性关系，以研究动态性和复杂性问题见长的生物学类比在阐释西部中小企业自主创新成长所包括的重塑创新型中小企业成长空间、构建中小企业创新网络、推动中小企业创新网络优化形成西部中小企业自主创新成长动力等一系列关键问题中具有独特优势，能够为中小企业自主创新成长提供新的研究视角和方法。本书利用生物学类比的原理和方法，综合多学科理论，构建了包括西部中小企业商业生态系统、西部中小企业生态性创新网络、西部中小企业生态性自主创新动力、西部中小企业生态性创新网络治理四个方面内容的"西部中小企业生态性自主创新成长理论"，并以此为指导，通过对中国中小企业自主创新成长的背景分析、国内外中小企业生态性自主创新成长的经验借鉴和西部中小企业自主创新实践的实证考察，归纳出西部中小企业生态性自主创新成长中存在的困难和问题，并针对这些困难和问题提出促进西部中小企业生态性自主创新成长的原则、目标和促进西部中小企业生态性自主创新成长的对策和建议，在中小企业自主创新成长的研究视角、研究思维、研究理论、研究方法等的创新方面进行探索。在研究中，在西部中小企业生态性自主创新成长理论下：第一，将西部中小企业自主创新成长环境拟合为西部中小企业商业生态系统，分析了该系统的结构特征以及西部中小企业商业生态系统在层次和维度等方面存在的不足。第二，将西部中小企业自主创新成长环境中的西部中小企业创新网络拟合为西部中小企业生态性创新网络，结合网络理论，分析了西部中小企业通过生态性创新网络优化实现协同式自主创新的机理，并对西部中小企业生态性创新网络优化过程进行了分析。第三，通过实证考察，梳理了中国中小企业自主创新成长的历程和背景，借鉴了国内外中小企业生态性自主创新成长的经验，分析了西部中小企业自主创新的能力，对西部中小企业商业生态系统和生态性创新网络进行了分析。第四，根据实证考察发现的问题，提出了重塑西部中小企业创新型商业生态系统、加强西部中小企业生态性创新网络治理的一系列对策和建议。

需要指出的是，随着数字经济时代的到来，数字产业化和产业数字化所带来的新产业、新业态和新商业模式将给西部中小企业商业生态系统、西部中小企业生态性创新网络的结构、关系和运行等带来革命性的变化，西部中小企业生态性自主创新成长理论将会进一步创新，西部中小企业生态性自主创新成长的实践探索将会遇到数字经济兴起带来的新情况和新问题，这些都为西部中小企业生态性自主创新成长的理论研究和实践探索开拓了更为广阔的创新空间。

参考文献

［1］爱迪思．企业生命周期理论［M］．王玥，译．北京：中国人民大学出版社，2017.

［2］长城企业战略研究所．硅谷创新生态的构成及基本规律［J］．新材料产业，2016（03）：64-67.

［3］曹洪军，赵翔，黄少坚．企业自主创新能力评价体系研究［J］．中国工业经济，2009（09）：105-114.

［4］曹贤忠，曾刚，司月芳，张海娜．企业创新网络与多维邻近性关系研究述评［J］．世界地理研究，2019，28（05）：165-171.

［5］陈劲．技术创新的系统观与系统框架［J］．管理科学学报，1999，2（03）：66-73.

［6］陈劲．企业创新生态系统论［M］．北京：科学出版社，2017.

［7］陈劲．从技术引进到自主创新的学习模式［J］．科研管理，1994（02）：43-49.

［8］陈力田，赵晓庆，魏致善．企业创新能力的内涵及其演变：一个系统化的文献综述［J］．科技进步与对策，2012，29（14）：154-160.

［9］陈宁．我国低技术中小企业创新效率提升研究——"一体化漏斗"服务模型构建［J］．科技进步与对策，2013，30（15）：93-97.

［10］陈芹．突破桎梏——中小企业自主创新的理论、策略与实践［M］．成都：西南财经大学出版社，2021.

［11］陈晓虹，张亚博．中小企业外部环境比较研究［J］．中国软科学，2008（07）：102-112.

［12］陈耀，汤学俊．企业可持续成长能力及其生成机理［J］．管理世界，2006（12）：111-114+141.

［13］陈佳贵，黄群慧．我国中小企业发展的几个问题［J］．经济管理，2002（04）：4-9.

［14］陈云桥，李杰，郝晗．员工股权激励对中小企业创新会产生补充的促进效应吗？［J］．技术经济，2022，41（09）：72-82.

［15］陈玉娇，覃巍．企业网络化成长：理论回顾与展望［J］．首都经济贸易大学学报，2017（04）：105-112.

［16］程丽霞，孟繁颖．企业成长理论的渊源与发展［J］．江汉论坛，2006（02）：53-56.

［17］程跃，银路，李天柱．不确定环境下企业创新网络演化研究［J］．科研管理，2011，32（01）：29-34+51.

［18］池仁勇．区域中小企业创新网络的结点联结及其效率评价研究［J］．管理世界，2007（01）：105-121.

［19］大卫·布林尼．生态学［M］．北京：生活·读书·新知三联书店，2003.

［20］代明，殷仪金，戴谢尔．创新理论：1912—2012［J］．经济学动态，2012（04）：143-150.

［21］丁惠炯．六堡茶产业发展研究：文献综述和路径审视［J］．改革与开放，2020（15）：40-45.

［22］杜兰英，陈鑫．政产学研用协同创新机理与模式研究——以中小企业为例［J］．科技进步与对策，2012，29（22）：103-107.

［23］敦帅．上海培育"专精特新"中小企业：政策演进、经验总结与未来走向［J］．上海质量，2022（06）：24-26.

［24］范建平，梁嘉骅，谢元元．基于生态系统的管理学研究纲领［J］．山西大学学报（哲学社会科学版），2009，32（03）：85-88.

［25］范如国．基于复杂网络理论的中小企业集群协同创新研究［J］．商业经济与管理，2014（03）：61-69．

［26］范思琦．日本中小企业生态位演化研究及经验借鉴［J］．现代日本经济，2019（02）：59-68．

［27］冯海红．服务中小企业创新的中介组织建设研究——国际经验与重点政策［J］．科技创新与生产力，2011（06）：27-30．

［28］冯文娜，杨蕙馨．网络演化与企业成长的对应关系研究［J］．东岳论丛，2010，31（04）：64-70．

［29］傅家骥．技术创新学［M］．北京：清华大学出版社，1998．

［30］付宏，金学慧，西桂权．荷兰埃因霍温高科技园区服务管理经验及其相关启示［J］．科技智囊，2020（01）：77-80．

［31］高丹丹，马宗国．我国中小企业自主创新能力评价及提升对策研究——基于中小板上市公司的实证分析［J］．科技管理研究，2016（06）：67-74．

［32］高静，李瑛，于建平．中国企业创新生态系统研究的知识图谱分析——来自CSSCI的数据源［J］．技术经济，2020，39（08）：43-50．

［33］高鹏斌，任之光，吴伟伟．国家自然科学基金对创新领域的资助项目统计与热点分析［J］．中国科学基金，2017（02）：184-192．

［34］郭蓉，余宇新．中小企业创新投入的技术体制地区差异性研究——以我国制造业中小企业的调研数据为例［J］．科学学与科学技术管理，2011，32（06）：65-71．

［35］顾江．生态系统稳定性统计模型分析运用［J］．数量经济技术经济研究，2001（01）：98-100．

［36］顾颖．西部开发与中小企业发展及其政策［J］．西北大学学报（哲学社会科学版），2000，30（02）：30-33．

［37］郝臣．中小企业成长：外部环境、内部治理与企业绩效——基于23个省市300家中小企业的经验数据［J］．南方经济，2009（09）：3-12．

［38］［美］亨利·切萨布鲁夫．开放式创新：进行技术创新并从中赢利的新规则［M］．北京：清华大学出版社，2005.

［39］胡蛟挢，崔树娥，唐琳琳．浙江中小企业创新网络构建和治理［J］．求实，2010（11）：119-121.

［40］黄宝振．美国促进中小企业发展的经验及对我国的启示［J］．中外企业文化，2021（06）：34-35.

［41］黄鲁成．基于生态学的技术创新行为研究［M］．北京：科学出版社，2007.

［42］黄英姿．生态位理论研究中的数学方法［J］．应用生态学报，1994（03）：331-337.

［43］姜慧，曾群超．区域中小企业创新指数体系构建研究［J］．科技管理研究，2014（13）：35-41.

［44］姜霄．提升河南省中小企业自主创新能力的对策［J］．企业经济，2013（02）：94-97.

［45］蒋石梅，吕平，陈劲．企业创新生态系统研究综述——基于核心企业的视角［J］．技术经济，2015，34（07）：18-23+91.

［46］李柏洲，徐广玉，苏屹．中小企业合作创新行为形成机理研究——基于计划行为理论的解释架构［J］．科学学研究，2014，32（05）：777-786+697.

［47］李博．生态学［M］．北京：高等教育出版社，2003.

［48］李庚寅，黄宁辉．中小企业理论演变探析［J］．经济学家，2001（03）：97-105+111.

［49］李契，朱金兆，朱清科．生态位理论及其测度进展［J］．北京林业大学学报，2003（01）：100-107.

［50］李垣，魏泽龙．中国企业创新40年［J］．科研管理，2019，40（06）：1-8.

［51］李双金，王丹．网络化背景下的创新环境建设：理论分析与政策选择［J］．社会科学，2010（07）：36-44.

［52］李世杰，李倩．产业链整合视角下电商平台企业的成长机理——来自市场渠道变革的新证据［J］.中国流通经济，2019，33（09）：83-92.

［53］李世泽．把六堡茶产业做大做强［J］.当代广西，2023（04）：17.

［54］李维安，等．网络组织：组织发展的新趋势［M］.北京：经济科学出版社，2003.

［55］李晓翔，刘春林．中小企业资源配置与创新成长关系研究：行为策略的调节作用［J］.研究与发展管理，2018，30（05）：70-80.

［56］李植斌．浙江原发性产业集群的形成机制与持续发展［J］.地域研究与开发，2003（06）：34-42.

［57］林汉川，刘平青，邱红．中小企业管理（第2版）［M］.北京：高等教育出版社，2011.

［58］林汉川，魏中奇．中小企业存在评述［J］.经济学动态，2000（04）：75-79.

［59］林松国．日本中小企业百年研究述评［J］.上海经济研究，2022（03）：70-82.

［60］林洲钰，林汉川．产业环境、自主创新与中小企业成长的政策工具［J］.改革，2012（09）：43-52.

［61］梁嘉骅，等．企业生态与企业发展：企业竞争对策［M］.北京：科学出版社，2005.

［62］刘迪，李黄开媚，安丰轩，吴惟筠，古能平，陈恩海，马蕊．广西梧州六堡茶产业发展现状与对策研究［J］.茶叶，2023，49（02）：97-101.

［63］刘国新，李兴文．国内外关于自主创新的研究综述［J］.科技进步与对策，2007，24（02）：196-199.

［64］刘亮，吴笙．构建投融资生态圈支持科技型中小企业创新——以苏州工业园区为例［J］.群众，2018（06）：45-46.

［65］刘茜，梅强．创新行为嵌入性对中小企业创新绩效的影响——概念模型与解释［J］．科技进步与对策，2013，30（13）：87-91.

［66］刘然．后疫情时代中小企业数字化转型之路［J］．学术前沿，2020（07）：104-107.

［67］刘晓东，韦静峰．"一带一路"倡议下六堡茶产业科技创新与发展建议［J］．茶文化研究，2019，12（06）：23-27.

［68］刘晓燕，阮平南．基于生命周期的技术创新网络演化动力研究［J］．现代管理科学，2013（05）：66-68.

［69］龙静，刘海建．政府机构的权力运用方式对中小企业创新绩效的影响——基于企业与政府关系的视角［J］．科学学与科学技术管理，2012，33（05）：96-104.

［70］龙静，陈传明．服务性中介的权力依赖对中小企业创新的影响：基于社会网络的视角［J］．科研管理，2013，34（05）：56-63.

［71］鲁若愚，周阳，丁奕文，周冬梅，冯旭．企业创新网络：溯源、演化与研究展望［J］．管理世界，2021（01）：217-233.

［72］吕孟丽，乔朋华，李小青．国际化扩张能否为中小企业技术创新续航？——制度环境的调节作用［J］．软科学，2023，37（03）：33-39.

［73］吕一博，苏敬勤．企业网络与中小企业成长的关系研究［J］．科研管理，2010，31（04）：39-48.

［74］吕玉辉．企业技术创新生态系统探析［J］．科技管理研究，2011（16）：15-17+48.

［75］马世骏，王如松．社会—经济—自然复合系统［J］．生态学报，1987（01）：1-9.

［76］［英］马歇尔．经济学原理［M］．北京：商务印书馆，1964.

［77］马宗国，武博．中小企业自主创新 RJVs 信任合作动因研究［J］．科学学与科学技术管理，2008（07）：81-84+95.

［78］梅强，孙旭雅．企业文化提升中小企业人力资源管理绩效的路

径分析 [J]. 科技管理研究, 2010 (15): 125-128.

[79] 孟艳. 德国支持中小企业创新的战略导向、架构布局及启示 [J]. 经济研究参考, 2014 (25): 72-79.

[80] 穆瑞, 肖胜权. 中小企业创新能力影响因素模型研究 [J]. 科技管理研究, 2019 (06): 11-16.

[81] 纳尔逊, 温特. 经济变迁的演化理论 [M]. 北京: 商务印书馆, 1997.

[82] 倪克金, 刘修岩. 数字化转型与企业成长: 理论逻辑与中国实践 [J]. 经济管理, 2022 (12): 79-97.

[83] 彭璧玉. 企业衰亡的生态化过程与制度化过程 [J]. 学术研究, 2006 (5): 32-36.

[84] 彭雁虹, 褚启勤, 李怀祖. 生命系统理论及其应用综述 [J]. 系统工程理论与实践, 1997 (03): 35-41.

[85] [美] 钱德勒. 看得见的手——美国企业的管理革命 [M]. 北京: 商务印书馆, 1987.

[86] 钱辉. 生态位、因子互动与企业演化——基于生态位的企业成长机制探究 [M]. 杭州: 浙江大学出版社, 2008.

[87] 钱锡红, 杨永福, 徐万里. 企业网络位置、吸收能力与创新绩效——一个交互效应模型 [J]. 管理世界, 2010 (05): 118-129.

[88] 覃巍. 企业成长理论中的生物学类比研究回顾与展望 [J]. 外国经济与管理, 2012, 34 (09): 7-14.

[89] 覃巍. 企业生态位视角下西部原发性企业的自主创新成长研究 [J]. 广西大学学报 (哲学社会科学版), 2011, 33 (05): 9-13.

[90] 覃巍. 企业创新成长战略研究: 基于企业生态性创新网络优化视角 [J]. 企业经济, 2019 (01): 43-49.

[91] 覃巍, 梁权熙. 西部地区中小企业创新成长能力研究: 基于广西中小企业的问卷调查 [J]. 经济体制改革, 2015 (05): 85-91.

[92] 冉淑青, 曹林. 西安高新区科技创新能力升级路径探讨 [J].

商业经济，2016（02）：52-54.

[93] 饶扬德. 创新网络、创新生态与企业自主创新 [J]. 软科学，2007，21（03）：122-126.

[94] 宋林飞. 中国"三大模式"的创新与未来 [J]. 南京社会科学，2009（01）：1-6.

[95] 粟进，宋正刚. 科技型中小企业技术创新的关键驱动因素研究——基于京津 4 家企业的一项探索性分析 [J]. 科学性与科学技术管理，2014，35（05）：156-163.

[96] 施放，缪珊珊. 浙江省中小企业创新动力驱动系统构架 [J]. 经济论坛，2013（02）：35-38.

[97] 孙冰，张为峰. 技术创新与创新环境之间的非线性关系研究 [J]. 统计与决策，2013（06）：171-174.

[98] 孙一元. 张江："三级连跳"升级科学城 [J]. 上海国资，2020（12）：67-70.

[99] 孙中博，张秀娥. 提升东北地区中小企业创新能力的对策 [J]. 经济纵横，2012（12）：62-64.

[100] 史晋川，郎金焕. 中国的民营经济与区域经济发展 [J]. 山东大学学报（哲学社会科学版），2018（01）：7-17.

[101] 汤学俊. 企业可持续成长的途径 [M]. 北京：社会科学文献出版社，2007.

[102] 汤临佳，池仁勇，骆秀娟. 中小企业创新政策前沿 [J]. 科学学与科学技术管理，2013，34（08）：138-147.

[103] 汤临佳，郑伟伟，池仁勇. 创新生态系统的理论演进与热点前沿：一项文献计量分析研究 [J]. 技术经济，2020（07）：1-9+26.

[104] 汤林伟. 基于外部网络知识获取的中小企业内生能力提升研究 [J]. 理论与改革，2013（01）：107-109.

[105] 唐丽艳，陈文博，王国红. 中小企业协同创新网络的构建 [J]. 科技进步与对策，2012，29（20）：89-93.

［106］唐晓云．中国中小企业创新政策的分析——基于1997—2008年样本［J］．科学学研究，2011，29（12）：1807-1812．

［107］田家林，徐立岗，方海燕．中小企业创新问题研究——以江苏省为例［J］．技术经济与管理研究，2011（12）：35-38．

［108］田红云，刘艺玲，贾瑞．中小企业创新网络嵌入性与知识吸收能力的关系［J］．科技管理研究，2016（15）：186-191+196．

［109］万伦来．企业生态位及其评价方法研究［J］．中国软科学，2004（01）：73-78．

［110］王大洲．企业创新网络的进化与治理：一个文献综述［J］．科研管理，2001，22（05）：96-102．

［111］王缉慈，等．创新的空间——企业集群与区域发展［M］．北京：北京大学出版社，2001．

［112］王节祥，刘双，瞿庆云．数字平台生态系统中的创业企业成长研究：现状、框架与展望［J］．研究与发展管理，2023，35（01）：72-88．

［113］王静娴，杨敏．企业创新效率的可比测度［J］．科技管理研究，2015，35（24）：116-120+126．

［114］王洋，于君．创新生态系统的国际实践及启示［J］．竞争情报，2020，16（04）：39-48．

［115］王海军，金姝彤，束超慧，战睿．为什么硅谷能够持续产生颠覆性创新？——基于企业创新生态系统视角的分析［J］．科学学研究，2021，39（12）：2267-2280．

［116］魏华飞，尹兴科．我国中小企业成长诸要素集成关系研究［J］．科技管理研究，2013（16）：228-232．

［117］魏江，陶颜，胡胜蓉．创新系统多层次架构研究［J］．自然辩证法通讯，2007，29（04）：37-43+80．

［118］魏江，赵雨菡．数字创新生态系统的治理机制［J］．科学学研究，2021，39（06）：965-969．

［119］邬爱其．企业创新网络构建与演进的影响因素实证分析［J］．

科学学研究，2006，24（01）：141-149.

[120] 吴赐联，朱斌．企业主流与新流创新绩效评价体系研究 [J].
科技管理研究，2018（16）：37-44.

[121] 吴金光，毛军，唐畅．政府研发补贴是否激励了科技型中小
企业创新？[J]．中国软科学，2022（09）：184-192.

[122] 吴潜华，庞月兰，张凌云，周彦会．"十三五"以来广西茶
叶产业发展概况及建议 [J]．南方农业，2022，16（15）：133-137.

[123] 吴愿愿，纪晓丽．知识特性、知识转移对中小企业创新绩效
影响实证研究 [J]．商业时代，2013（27）：90-93.

[124] 许爱顺，罗鄂湘．人力资本、薪酬激励和中小企业创新能力
的关系研究 [J]．科技与管理，2012，14（06）：112-117.

[125] 西安高新区管委会．西安高新区：打造全球硬科技创新高地
助力区域经济高质量发展 [J]．中国科技产业，2020（11）：44-45.

[126] 夏清华，何丹．企业成长不同阶段动态能力的演变机理——
基于腾讯的纵向案例分析 [J]．管理案例研究与评论，2019，12（05）：
464-476.

[127] 肖鹏，余少文．企业间协同创新惰性及解决对策 [J]．科技进
步与对策，2013，30（10）：84-87.

[128] 解学梅，左蕾蕾，刘丝雨．中小企业协同创新模式对协同创
新效应的影响——协同机制和协同环境的双调节效应模型 [J]．科学学与
科学技术管理，2014，35（05）：72-81.

[129] 徐丽鹤，王冉冉，王睿新，李炳昭，田楚齐，张晓波．中国
中小微企业发展——数据与新发现 [J]．经济科学，2023（01）：5-25.

[130] 徐振强．德国"工业4.0"科技园区创新创业生态体系研
究——基于对柏林州 Adlershof 科技园的案例研究 [J]．中国名城，
2015（11）：38-49.

[131] 胥培俭，丁琦，张思文．数字经济时代中小企业数字化转型
研究 [J]．信息通讯技术与政策，2020（03）：53-55.

［132］颜爱民．企业生态位评价指标及模型构建研究［J］．科技进步与对策，2007，24（07）：156-160．

［133］杨德林，陈春宝．模仿创新、自主创新与高技术企业成长［J］．中国软科学，1997（08）：107-112．

［134］杨蕙馨，刘璐．企业集群中企业生态位与企业成长［J］．经济学动态，2007（09）：58-61．

［135］杨建武，李黎力．我国中小企业技术创新的动因、掣肘和对策——基于同地方政府的博弈分析［J］．经济问题探索，2014（04）：180-185．

［136］杨忠直．企业生态学引论［M］．北京：科学出版社，2003．

［137］［英］伊迪斯·彭罗斯．企业成长理论［M］．上海：上海三联书店，上海人民出版社，2007．

［138］叶振宇，庄宗武．产业链龙头企业与本地制造业企业成长：动力还是阻力［J］．中国工业经济，2022（07）：141-158．

［139］余菲菲．联盟组合多样性对技术创新路径的影响研究——基于科技型中小企业的跨案例分析［J］．科学学与科学技术管理，2014，35（04）：111-120．

［140］袁纯清．共生理论及其对小型经济的应用研究（上）［J］．改革，1998（02）：101-105．

［141］袁纯清．共生理论及其对小型经济的应用研究（下）［J］．改革，1998（03）：78-86．

［142］袁健红，龚天宇，郭进芬．中小企业创新政策效应评价［J］．东南大学学报（哲学社会科学版），2012，14（04）：40-45．

［143］［美］约瑟夫·熊彼特．经济发展理论［M］．何畏，易家详，等，译．北京：商务印书馆，1990．

［144］曾国屏，苟尤钊，刘磊．从"创新系统"到"创新生态系统"［J］．科学学研究，2013（01）：4-12．

［145］［美］詹姆斯·弗·穆尔．竞争的衰亡：商业系统时代的领导

与战略［M］. 北京：北京出版社，1999.

　　［146］战睿，王海军，孟翔飞. 企业创新生态系统的研究回顾与展望［J］. 科学学与科学技术管理，2020，41（05）：179-197.

　　［147］张德茗，李艳. 科技型中小企业潜在知识吸收能力和实现知识吸收能力与企业创新绩效的关系研究［J］. 研究与发展管理，2011，23（03）：56-67+78.

　　［148］张凤海，侯铁珊，欧珊，李晓红. 技术创新与中小企业生命力关系实证研究［J］. 科技进步与对策，2013，30（03）：78-81.

　　［149］张剑波，李岩. 张江三十载沧桑巨变：从阡陌田野到创新策源［J］. 华东科技，2022（10）：113-115.

　　［150］张蕾. 发达国家扶持中小企业技术创新经验及启示［J］. 中小企业管理与科技，2009（01）：76.

　　［151］张荣. 中小企业创新能力调查［J］. 经济纵横，2014（05）：90-93.

　　［152］张树义，蔡靖婧. 中小企业技术创新网络的演化分析［J］. 运筹与管理，2014，23（04）：258-263.

　　［153］张炜，杨选良. 自主创新概念的讨论与界定［J］. 科学学研究，2006，24（06）：956-961.

　　［154］郑刚，邓宛如，王颂，郑杰. 企业创新网络构建、演化与关键核心技术突破［J］. 科研管理，2022，43（07）：85-95.

　　［155］郑刚，刘仿，徐峰，彭新敏. 非研发创新：被忽视的中小企业创新另一面［J］. 科学学与科学技术管理，2014，35（01）：140-146.

　　［156］赵驰，周勤. 中国奇迹还是小富即安？——兼论中国隐形冠军企业成长［J］. 产业经济研究，2013（03）：55-63.

　　［157］赵娜，张晓峒，杨坤佳. 我国中小企业技术创新行为的实证研究［J］. 中国科技论坛，2014（05）：74-78+85.

　　［158］赵锡斌，鄢勇. 企业与环境互动作用机理探析［J］. 中国软科学，2004（04）：93-97+92.

［159］赵艳华．中小企业协同创新网络绩效的实证研究［J］．学术论坛，2015（05）：52-56．

［160］周常宝，冯志红，林润辉，王玲玲，张言方．从产品导向到生态导向：高科技企业创新生态系统的构建——基于大疆的纵向案例［J］．管理评论，2003，35（03）：337-352．

［161］周高仪，陆静．河北省科技型中小企业自主创新能力的提升［J］．学术论坛，2014（03）：72-75．

［162］周适．中小企业发展面临的趋势、问题与支持战略研究［J］．宏观经济研究，2022（07）：163-175．

［163］朱春全．生态位态势理论与扩充假说［J］．生态学报，1997（03）：324-332．

［164］Baum，et al. Organizational Niche and the Dynamics Organizational Founding［J］. Organization Science，1994，5（04）：11-26．

［165］Lundvall B. A. Innovation as an Interactive Process：From User-producer Interaction to the National System of Innovation［Z］. Technical Change and Economic Theory，1988．

［166］Freeman C. Networks of Innovators：A Synthesis of Research Issues［J］. Research Policy，1991（20）：499-514．

［167］Jones C.，Hesterly W. S. and Borgatti S. P. A General Theory of Network Governance：Exchange Conditions and Social Mechanisms［J］. The Academy of Management Review，1997，22（04）：911-945．

［168］Moore J. F. The Death of Competition：Leadership and Strategy in the Age of Business Ecosystems［M］. Nueva York，EUA：Harper Collins，1997．

［169］Foster J. The Analytical Foundations of Evolutionary Economics：From Biological Analogy to Economic Self-organization［J］. Structural Change and Economic Dynamics，1997，8（01）：427-451．

［170］Marco Lansiti and Roy Levien. Strategy as Ecology［J］. Harvard Business Review，2004（03）：152-156．

［171］Ferrary M. and Granovetter M. The Role of Venture Capital Firms in Silicon Valleys Complex Innovation Network ［J］. Economy and Society, 2009, 38 (02): 326-359.

［172］Piore M. and Sabel C. The Second Industrial Divide: Possibilities for Prosperity ［M］. N.Y. : Basic Books, 1984.

［173］Iansiti M. , et al. Strategy as Ecology ［J］. Havard Business Review, 2004, 82 (03): 68-78+126.

［174］Hannan M. T. , et al. Organizational Ecology ［M］. Cambridge, MA: Harvard University Press, 1989.

［175］Williamson O. E. Transaction Cost Economics: The Governance of Contractual Relations ［J］. Journal of Law and Economics, 1979, 22 (10): 233-261.

［176］Adner R. Match Your Innovation Strategy to Your Innovation Ecosystem ［J］. Harvard Business Review, 2006, 84 (04): 98-107.

［177］Burgelman R. A. Intra-organizational Ecology of Strategy Making and Organizational Adaptation: Theory and Field Research ［J］. Organization Science, 1991, 2 (03): 239-262.

［178］Camagni R. Innovation Networks: Spatial Perspectives ［M］. London: Beelhaven-Pinter, 1991.

［179］Dobrev S. D. , et al. Dynamics of Niche Width and Resource Partitioning ［J］. American Journal of Sociology, 2001, 106 (05): 1299-1337.

［180］Powell W. W. , K. Koput and L. Smith Doerr. Inter-organizational Collaboration and the Locus of Innovation: Networks of Learning in Bio-technology ［J］. Administrative Science Quarterly, 1996 (41): 116-145.

［181］Tsai W. Knowledge Transfer in Intra-organizational Networks: Effects of Network Position and Absorptive Capacity on Business Unit Innovation and Performance ［J］. Academy of Management Journal, 2001, 44 (05): 996-1004.